高职院校大学生成长评价研究

陈旭雯 著

中国轻工业出版社

图书在版编目（CIP）数据

高职院校大学生成长评价研究 / 陈旭雯著. -- 北京 :
中国轻工业出版社, 2025. 5. -- ISBN 978-7-5184-5447-
1

Ⅰ. G645.5

中国国家版本馆CIP数据核字第2025V3P678号

责任编辑：翟　燕

策划编辑：翟　燕　　责任终审：许春英　　封面设计：锋尚设计

版式设计：砚祥志远　　责任校对：朱燕春　　责任监印：张京华

出版发行：中国轻工业出版社（北京鲁谷东街5号，邮编：100040）

印　　刷：北京君升印刷有限公司

经　　销：各地新华书店

版　　次：2025年5月第1版第1次印刷

开　　本：710×1000　1/16　印张：17.5

字　　数：200千字

书　　号：ISBN 978-7-5184-5447-1　定价：78.00元

邮购电话：010-85119873

发行电话：010-85119832　010-85119912

网　　址：http://www.chlip.com.cn

Email：club@chlip.com.cn

241828K6X101ZBW

前言
FOREWORD

高等职业教育作为我国教育体系的重要组成部分，肩负着为国家培养高技能人才的重任。随着经济的快速发展和产业结构的不断升级，社会对高技能人才的需求日益多样化和专业化。这要求高职院校大学生不仅需要具备扎实的专业知识和技能，还需要具备良好的综合素质和职业素养。

成长评价作为衡量学生发展的重要手段，能够全面、客观地反映学生的学习成果、实践能力、创新精神和职业素养等方面的情况，为学生的成长和发展提供有力的支持。传统的教育评价体系往往过于注重学业成绩，难以全面、客观地反映高职院校大学生的综合素质和职业能力。同时，信息技术的飞速发展也为教育评价带来了新的机遇和挑战。如何科学、全面地评价高职院校大学生的成长，成为摆在我们面前的一个重要课题。

2020年，中共中央、国务院印发《深化新时代教育评价改革总体方案》(简称《总体方案》)，这是新中国第一个关于教育评价系统性改革的文件。2023年5月，习近平总书记在中共中央政治局第五次集体学习时再次强调，要在全社会树立科学的人才观、成才观、教育观，加快扭转教育功利化倾向，形成健康的教育环境和生态。要紧扣建设教育强国目标，深化新时代教育评价改革，构建多元主体参与、符合我国实际、具有世界水平的教育评价体系。

《高职院校大学生成长评价研究》一书的撰写，正是基于这一背景，旨在深入探讨和构建一套科学、全面、可操作的高职院校大学生成长评价体系，以促进高职院校大学生的全面发展和职业能力提升，服务教育强国战略和技能型社会建设。全书共九章，第一章简要阐述了高职院校大学生成长评价的理论基础；第二章全面分析了高职院校大学生成长的特点与需求；第三章至第六章是本书的主体部分，主要论述了高职院校大学生成长评价的主体与责任、内容与指标体系、方法与工具以及实施流程与管理；第七章集中展示了国内外高职院校大学生成长评价的成功案例，并提出了可借鉴的理念和方法；第八章和第九章全面分析了高职院校大学生成长评价面临的挑战与对策，预测了未来高职院校大学生成长评价的趋势。

为确保本研究的科学性和有效性，笔者综合运用了多种研究方法。首先，采用文献研究法，广泛搜集国内外关于高职院校大学生成长评价的相关文献资料，对已有研究成果进行系统梳理和分析，为本研究提供理论基础和研究思路。其次，运用调查研究法，通过问卷调查、访谈等方式，深入了解高职院校大学生成长评价的现状、存在的问题以及需求，为提出针对性的对策建议提供实证依据。再次，结合案例分析法，选取国内外一些具有代表性的高职院校进行案例研究，分析其在大学生成长评价方面的成功经验和不足之处，从中总结可借鉴的模式和方法。最后，运用比较研究法，对比不同地区、不同类型高职院校的大学生成长评价体系，找出差异和共性，为构建更加科学合理的评价体系提供参考。

本书旨在为高职教育工作者提供一套系统的大学生成长评价方法和工具，帮助他们更好地了解学生的成长状况，为教学改革和学生发展提供有价值的参考。同时，也希望通过本书的出版，引起社会各界对高职院校大学生成长评价的关注，共同推动高等职业教育的发展。

目录
CONTENTS

第一章 高职院校大学生成长评价的理论基础

教育评价作为教育领域的重要组成部分，对于衡量教育效果、促进教育改革和提升教育质量起着至关重要的作用。随着时代的发展和教育理念的不断演进，教育评价理论也经历了漫长而丰富的发展历程。

第一节　教育评价理论的发展历程

一、传统教育评价理论阶段

传统教育评价理论主要兴起于20世纪初期至中叶。这一时期的教育评价以测量为核心，强调对学生的知识和技能进行量化评估。

（一）目标导向的评价模式

在这一阶段，教育评价主要围绕着预先设定的教育目标进行。评价者通过各种测试和测量手段，确定学生是否达到了既定的教育目标。例如，通过标准化考试来衡量学生对学科知识的掌握程度。这种评价模式的优点在于具有明确的标准和可操作性，能够较为客观地反映学生的学习成果。然而，它也存在一定的局限性，过于注重结果而忽视了学习过程，容易导致教学过程为了应试而变得僵化。

（二）泰勒模式的主导地位

拉尔夫·泰勒被公认为现代课程理论的重要奠基者，他提出的“泰勒模式”在传统教育评价理论中占据主导地位。泰勒模式强调通过确定教育目标、选择学习经验、组织学习经验和评价教育结果这四个步骤来进行课程开发和评价。在评价环节，主要是通过对学生的行为变化进行测量，以确定教育目标是否达成。这种模式为教育评价提供了一个系统的框架，但也因其过于强调目标的达成，所以在一定程度上忽视了学生的个体差异和教育过程中的其他重要因素。

二、现代教育评价理论的兴起

从20世纪中叶开始，随着社会的发展和对教育本质认识的不断深化，现代教育评价理论逐渐兴起，其主要特点如下。

（一）强调多元化的评价标准

现代教育评价理论不再仅仅以知识和技能的掌握为唯一标准，而是开始关注学生的全面发展。评价标准涵盖了认知、情感、态度、价值观等多个方面，强调学生在创新能力、合作能力、问题解决能力等综合素质方面的发展。例如，在评价学生的学习成果时，不仅考虑考试成绩，还会考虑学生在小组活动中的表现、项目完成情况以及社会实践中的参与度等。

（二）注重过程性评价

与传统教育评价注重结果不同，现代教育评价更加注重学习的过程。过程性评价关注学生在学习过程中的努力、进步和成长，通过对学习过程的持续观察和记录，及时反馈学生的学习情况，为教师调整教学策略和学生改进学习方法提供依据。例如，教师可以通过课堂观察、作业反馈、学习日志等方式对学生的学习过程进行评价，培养学生的自主学习能力和反思能力。

（三）评价主体的多元化

现代教育评价不再仅仅由教师作为唯一的评价主体，而是鼓励学生、家长、社会等多方参与评价。学生自评和互评可以帮助学生提高自我认知和自我管理能力，家长的参与可以让他们更好地了解孩子的学习情况，社会评价则可以为学校教育提供更广阔的视角和更全面的反馈。例如，学校可以组织学生进行小组互评，让学生在相互评价中学习他人的优点，发现自己的不足；同时，邀请家长参与学校的开放日活动，对学校的教育教学工作提出意见和建议；还可以与企业合作，让企业对学生的职业素养和实践能力进行评价。

三、当代教育评价理论的发展趋势

进入21世纪，教育评价理论在继承和发展现代教育评价理论的基础上，呈现出一些新的发展趋势。

（一）基于大数据的教育评价

随着信息技术的飞速发展，大数据在教育评价中的应用越来越广泛。通过收集和分析学生的学习数据，如在线学习行为、考试成绩、作业完成情况等，可以更加全面、准确地了解学生的学习状态和需求。大数据分析可以为教师提供个性化的教学建议，为学生提供个性化的学习支持，提高教育评价的针对性和有效性。例如，通过学习分析技术，教师可以了解每个学生的学习进度和困难，及时调整教学内容和方法；学生可以根据自己的学习数据了解自己的优势和不足，制订个性化的学习计划。

（二）发展性评价的深化

发展性评价强调以促进学生的发展为根本目的，关注学生的个体差异和潜能开发。在当代，发展性评价更加注重评价的反馈和指导作用，通过与学生进行深入的沟通和交流，帮助学生制订个性化的发展目标和计划。同时，发展性评价也更加注重评价的持续性和动态性，随着学生的学习和成长不断调整评价标准和方法。例如，教师可以定期与学生进行一对一的面谈，了解学生的学习进展和需求，为学生提供个性化的反馈和建议；学校可以建立学生成长档案，记录学生的学习历程和发展变化，为学生的未来发展提供参考。

（三）国际化与跨文化教育评价

随着全球化的加速，国际化与跨文化教育评价成为当代教育评价理论的一个重要发展方向。国际化教育评价要求评价标准和方法具有国际通用性和可比性，能够适应不同国家和地区的教育需求。跨文化教育评价则强调在评价过程中尊重不同文化背景下的教育价值观和教育实践，促进不同文化之间的交流与融合。例如，国际组织和各国政府在制定教育评价标准时，会考虑到不同国家的教育体系和文化差异，以确保评价的公平性和有效性；学校在开展国际交流与合作项目时，也会注重对学生跨文化能力的评价，培养学生的全球视野和国际竞争力。

四、教育评价理论发展历程中取得的主要成果

教育评价理论发展历程中取得了诸多成果，主要包括以下几个方面。

（一）评价理念的转变

1. 从选拔到发展

早期教育评价主要为了选拔适合教育的学生，而现代教育评价的目的更

注重创造适合学生的教育。这意味着评价不再仅仅是对学生进行筛选和分类，而是关注如何通过评价来促进学生的学习和发展，帮助他们充分发挥自己的潜力。

2. 从单一到多元

传统教育评价主要关注学生的知识和技能，而现代教育评价则更加注重学生的全面发展，包括认知、情感、态度、价值观等多个方面。这种多元化的评价理念有助于更全面地了解学生的学习状况和发展需求，为学生的成长提供更有针对性的支持。

（二）评价方法的丰富

1. 量化与质性相结合

在教育评价理论的发展过程中，量化评价方法得到了不断的完善和发展，如标准化考试、测验等。同时，质性评价方法也逐渐受到重视，如观察、访谈、案例分析等。量化评价能够提供客观、精确的数据，而质性评价则能够深入了解学生的学习过程和特点，两者相结合可以更全面、准确地评价学生的学习成果。

2. 形成性评价的应用

形成性评价强调对正在进行的教育活动进行价值判断，其目的是及时揭示问题、反馈信息，以便教师和学生能够及时调整教学和学习策略，提高教学质量。形成性评价的应用使得教育评价不再仅仅关注结果，而是更加注重过程，有助于学生的学习和教师的教学不断改进。

3. 自我评价的兴起

现代教育评价鼓励学生参与评价过程，进行自我评价。自我评价能够帮助学生提高自我认知和自我管理能力，培养学生的批判性思维和反思能力，使学生成为更加独立、自主的学习者。

（三）评价标准的完善

1. 目标导向的明确

泰勒提出的以教育目标为核心的教育评价原理，明确了教育评价与教育目标的紧密联系。这使得评价标准更加明确，评价者能够根据教育目标来确定评价的内容和方法，提高了评价的科学性和有效性。

2. 个性化标准的关注

随着对学生个体差异的认识不断加深，教育评价开始关注个性化标准的制定。评价者不再仅仅以统一的标准来衡量所有学生，而是根据学生的不同特点和需求，制定个性化的评价标准，以更好地反映学生的学习成果和发展潜力。

（四）评价主体的多元化

1. 教师、学生、家长、社会共同参与

传统教育评价主要由教师作为评价主体，而现代教育评价则强调评价主体的多元化，鼓励学生、家长、社会等多方参与评价。学生可以通过自我评价和互评来了解自己的学习状况，家长可以提供学生在家庭环境中的表现信息，社会可以从更广泛的角度对学生的综合素质进行评价。这种多元化的评价主体能够提供更全面、客观的评价信息，促进教育评价的公正性和科学性。

2. 专业评价机构的发展

随着教育评价的重要性日益凸显，专业的教育评价机构逐渐兴起。这些机构拥有专业的评价人员和科学的评价方法，能够为学校、教育部门等提供高质量的评价服务，推动了教育评价的专业化和规范化发展。

（五）技术手段的应用

1. 信息技术的支持

信息技术的发展为教育评价提供了强大的技术支持。例如，在线考试、电子档案袋、学习分析技术等的应用，使得评价数据的收集、处理和分析更加便捷、高效。同时，信息技术还能够实现评价结果的及时反馈和共享，为教师和学生提供更好的教学和学习支持。

2. 大数据的应用

大数据技术的出现使得教育评价能够更加全面、深入地分析学生的学习数据，挖掘学生的学习特点和需求，为个性化教学和评价提供依据。通过对大量教育数据的分析，评价者可以发现教育教学中存在的问题和规律，为教育决策提供科学的参考。

总之，教育评价理论的发展历程是一个不断演进和完善的过程。从传统的以测量为核心的评价模式到现代的多元化评价理论，再到当代的基于大数据、发展性评价和国际化跨文化评价，教育评价理论始终围绕着促进学生的全面发展和提高教育质量这一核心目标不断前进。在未来，随着教育理念的不断创新和信息技术的持续发展，教育评价理论将继续与时俱进，为推动教育事业的发展发挥更加重要的作用。

第二节　人的全面发展理论与大学生成长

人的全面发展理论是马克思主义的重要组成部分，对大学生的成长具有深远的指导意义。

一、马克思的人的全面发展理论内涵

马克思的人的全面发展理论是马克思主义的重要组成部分，具有深刻的内涵和重大的现实意义。

马克思认为，人的全面发展是指人的劳动能力、社会关系和个性的全面发展。具体来说，人的全面发展包括以下几个方面。

（一）人的劳动能力的全面发展

劳动是人类生存和发展的基础，人的劳动能力的全面发展是人的全面发展的核心内容。马克思认为，人的劳动能力包括体力和智力两个方面，人的劳动能力的全面发展就是要使体力和智力在劳动过程中得到充分的发挥和发展。在资本主义社会，由于劳动的异化，人的劳动能力被片面地发展，人的体力和智力被分割开来，人的劳动变成了一种单纯的谋生手段，失去了其本来的意义。马克思认为，只有在共产主义社会，劳动才能成为人的第一需要，人的劳动能力才能得到全面的发展。

（二）人的社会关系的全面发展

人是社会的人，人的本质是一切社会关系的总和。人的社会关系的全面发展是人的全面发展的重要内容。马克思认为，人的社会关系包括经济关系、政治关系、文化关系等多个方面，人的社会关系的全面发展就是要使人在经济、政治、文化等各个领域中都能建立起平等、和谐、自由的关系。在资本主义社会，由于私有制的存在，人的社会关系被异化，人与人之间的关系变成了一种剥削与被剥削、压迫与被压迫的关系，人的社会关系被片面地发展。马克思认为，只有在共产主义社会，私有制被消灭，人的社会关系才能得到全面的发展。

（三）人的个性的全面发展

人的个性是人的本质的具体体现，人的个性的全面发展是人的全面发展的最高目标。马克思认为，人的个性包括人的兴趣、爱好、特长、气质、性格等多个方面，人的个性的全面发展就是要使人的兴趣、爱好、特长、气质、性格等在社会实践中得到充分的发挥和发展。在资本主义社会，由于人的劳动的异化和社会关系的异化，人的个性被压抑和扭曲，人的个性被片面地发展。马克思认为，只有在共产主义社会，人的劳动和社会关系得到全面的发展，人的个性才能得到全面的发展。

二、人的全面发展理论对大学生成长的重要意义

（一）为大学生的成长提供了价值导向

大学生正处于人生发展的关键时期，他们面临着诸多选择和挑战。人的全面发展理论为大学生提供了明确的价值导向，即大学生的成长不应仅仅局限于专业知识的学习和技能的培养，还应注重自身劳动能力、社会关系和个性的全面发展。大学生应该树立正确的人生观、价值观和世界观，努力提高自己的综合素质，为将来的社会生活做好充分准备。

（二）促进大学生综合素质的提升

人的全面发展理论要求大学生在学习专业知识的同时，积极参加社会实践活动，提高自己的实践能力和创新能力。通过参与社会实践，大学生可以更好地了解社会现实，增强社会责任感和使命感，培养自己的团队合作精神和人际交往能力。同时，大学生还可以根据自己的兴趣爱好和特长，参加各种社团活动和竞赛，充分发挥自己的个性优势，实现个性的全面发展。

（三）有助于大学生树立正确的职业观

人的全面发展理论对大学生的职业选择也具有重要的指导意义。大学生在选择职业时，不应仅仅考虑职业的收入和社会地位，还应考虑职业是否能够满足自己的兴趣爱好和发展需求，是否能够为社会做出贡献。大学生应该树立正确的职业观，将个人的发展与社会的需要相结合，选择一份既能够实现自己人生价值，又能够为社会做出贡献的职业。

（四）推动高校教育改革

人的全面发展理论对高校教育改革也提出了新的要求。高校应转变教育观念，树立以学生为中心的教育理念，注重培养学生的综合素质和创新能力。在

课程设置上，应加强通识教育，拓宽学生的知识面，培养学生的跨学科思维能力。在教学方法上，应采用多样化的教学方法，如案例教学、小组讨论、实践教学等，激发学生的学习兴趣和主动性。同时，高校还应加强与社会的联系，为学生提供更多的社会实践机会，促进学生的全面发展。

三、人的全面发展理论在大学生成长评价中的指导意义

马克思的人的全面发展理论对大学生成长评价具有重要的指导意义。

（一）为大学生成长评价提供了价值导向

人的全面发展理论强调人的劳动能力、社会关系和个性的全面发展，这为大学生成长评价提供了价值导向。大学生成长评价应该以促进大学生的全面发展为目标，不仅要评价大学生的学业成绩，还要评价大学生的思想品德、社会实践能力、创新能力、团队合作能力等多个方面。只有这样，才能真正促进大学生的全面发展。

（二）为大学生成长评价提供了内容框架

人的全面发展理论为大学生成长评价提供了内容框架。大学生成长评价应该包括大学生的劳动能力、社会关系和个性三个方面。在劳动能力方面，应该评价大学生的专业知识和技能、学习能力、实践能力等；在社会关系方面，应该评价大学生的人际交往能力、团队合作能力、社会责任感等；在个性方面，应该评价大学生的兴趣爱好、特长、气质、性格等。只有这样，才能全面、客观地评价大学生的成长状况。

（三）为大学生成长评价提供了方法指导

人的全面发展理论为大学生成长评价提供了方法指导。大学生成长评价应

该采用多元化的评价方法，不仅要采用考试、测验等量化评价方法，还要采用观察、访谈、案例分析等质性评价方法。同时，大学生成长评价应该注重过程性评价，关注大学生的学习过程和成长历程，及时发现大学生在成长过程中存在的问题，并给予及时的指导和帮助。只有这样，才能真正促进大学生的全面发展。

我们应该以人的全面发展理论为指导，建立科学、合理、全面的大学生成长评价体系，促进大学生的全面发展。

第三节　职业教育理论与高职院校大学生成长评价

在当今社会，职业教育作为培养高素质技术技能人才的重要途径，对于推动经济发展和社会进步起着至关重要的作用。而高职生作为职业教育的主要对象，其成长评价也成为了职业教育领域的一个关键问题。

一、职业教育理论概述

职业教育是以培养具有一定职业技能和职业素养的应用型人才为目标的教育形式。它强调实践教学，注重学生的职业能力培养，与普通教育相比具有明显的特色。

（一）职业性导向

职业教育紧密围绕职业需求进行课程设置和教学安排。其专业设置与市场需求相契合，旨在培养学生具备特定职业领域所需的知识和技能。例如，机械制造、电子信息、护理等专业都是根据相关行业的实际需求而设立的。

（二）实践性突出

职业教育注重实践教学，通过实习、实训等环节学生能够在真实的工作环境中锻炼自己的职业能力。学生在实践中不仅可以掌握专业技能，还能培养解决实际问题的能力和职业素养。例如，高职院校的汽车维修专业通常会安排学生到汽车修理厂进行实习，让他们在实际操作中学习汽车维修技术。

（三）产教融合紧密

职业教育积极推进产教融合，与企业合作共同培养人才。学校与企业共同制订人才培养方案、共建实训基地、开展师资培训等，使学生能够更好地适应企业的需求。例如，一些高职院校与企业合作开设订单班，为企业定向培养人才。

二、职业教育的目标与特点

（一）职业教育的目标

职业教育作为我国教育体系的重要组成部分，其目标是培养具有扎实专业技能、良好职业道德和创新精神的高素质技术技能人才。具体来说，职业教育的目标主要包括以下几个方面。

1. 培养专业技能

职业教育以职业为导向，注重培养学生在特定领域的专业技能。通过系统的理论学习和实践操作，使学生掌握从事某一职业所需的知识和技能，能够在毕业后顺利进入职场，胜任相应的工作岗位。

2. 塑造职业道德

职业道德是职业活动中应遵循的行为规范和准则。职业教育不仅要传授专业知识和技能，还要注重培养学生的职业道德，如诚实守信、敬业爱岗、团队合作、责任担当等。良好的职业道德是学生在职场中立足和发展的重要保障。

3. **激发创新精神**

在当今快速发展的时代，创新是推动经济社会发展的核心动力。职业教育要培养学生的创新精神，鼓励他们在专业领域中勇于探索、敢于创新，不断提高自己的职业竞争力。

（二）职业教育的特点

1. **实用性强**

职业教育紧密结合职业需求，课程设置和教学内容具有很强的实用性。学生所学的知识和技能能够直接应用于实际工作中，为他们的职业发展打下坚实的基础。

2. **实践教学突出**

职业教育强调实践教学，注重培养学生的实际操作能力。通过实习、实训、实验等教学环节，学生能够在真实的工作环境中锻炼自己，提高解决实际问题的能力。

3. **产教融合紧密**

职业教育与产业发展紧密结合，积极开展产教融合、校企合作。学校与企业共同制订人才培养方案、共建实训基地、共同开展教学活动，使学生能够更好地适应企业的需求，提高就业竞争力。

4. **职业导向明确**

职业教育以职业为导向，学生在入学时就明确了自己的职业方向。学校根据职业需求设置专业和课程，为学生的职业发展提供有针对性的教育和培训。

三、职业教育对大学生成长评价的特殊要求

（一）注重专业技能评价

职业教育的目标是培养高素质技术技能人才，因此在大学生成长评价中，

应特别注重对学生专业技能的评价。评价内容应包括学生对专业知识的掌握程度、实际操作能力、解决问题的能力等。可以通过考试、技能竞赛、实习表现等多种方式进行评价，以全面、客观地反映学生的专业技能水平。

（二）强调职业道德评价

职业道德是职业教育的重要内容，在大学生成长评价中应给予充分重视。评价内容应包括学生的诚实守信、敬业爱岗、团队合作、责任担当等方面。可以通过观察学生的日常行为表现、听取企业和社会的反馈等方式进行评价，引导学生树立正确的职业道德观念。

（三）突出实践能力评价

实践教学是职业教育的重要环节，在大学生成长评价中应突出对学生实践能力的评价。评价内容应包括学生在实习、实训、实验等教学环节中的表现，如实践操作的熟练程度、解决实际问题的能力、创新能力等。可以通过实践报告、企业评价、教师评价等多种方式进行评价，以促进学生实践能力的提高。

（四）关注职业素养评价

职业素养是指从业者在职业活动中所表现出来的综合品质，包括职业意识、职业态度、职业习惯等。在大学生成长评价中，应关注学生的职业素养评价。评价内容应包括学生的职业规划能力、自我管理能力、沟通能力、团队协作能力等。可以通过职业规划大赛、面试表现、小组活动等方式进行评价，提高学生的职业素养水平。

（五）强化产教融合评价

产教融合是职业教育的重要特色，在大学生成长评价中应强化对产教融合的评价。评价内容应包括学校与企业合作的深度和广度、学生在企业实习的效果、企业对学生的满意度等。可以通过企业反馈、实习报告、教师评价等多种方式进行评价，推动产教融合的深入发展。

总之，职业教育对大学生成长评价提出了特殊要求。在评价过程中，应注重专业技能、职业道德、实践能力、职业素养和产教融合等方面的评价，全面、客观地反映学生的成长状况，为学生的职业发展提供有力支持。

第二章

高职院校大学生成长的**特点与需求**

在高等教育体系中，高职院校大学生作为一个独特的群体，有着鲜明的心理特点。了解这些特点，对于校方、教师更好地组织教育教学、开展成长评价、促进学生的全面发展具有重要意义。

第一节 高职院校大学生的心理特点

一、自我意识的发展

高职院校大学生（简称高职生）正处于自我意识逐渐成熟的关键时期。这一时期，他们对自我的认识和评价逐渐变得更加客观、全面和深入。

首先，他们开始更加关注自己在他人眼中的形象，更加关注自己的外在形象和内在品质，注重自己的穿着打扮、言行举止，希望给他人留下良好的印象。

其次，他们对自身的优点和不足有了更深刻的认识，他们开始反思自己的性格特点、兴趣爱好、价值观等内在品质，试图找到自己的独特之处和人生方向。一方面，他们渴望展现自己的独特个性和能力，通过参加各种社团活动、竞赛等方式来证明自己的价值。例如，在技能大赛中，学生们积极投入，努力展现自己的专业技能，希望获得认可和荣誉。另一方面，他们也会对自己产生怀疑和不确定感。自我意识在不断地与他人进行比较和参照中得到发展。他们会将自己与同学、朋友、社会标准等进行比较，从而对自己的能力、地位、价值等有更清晰的认识。然而，这种比较也可能会带来一些负面影响，如感到自卑、自负、焦虑等。例如，一些学生可能会因为自己的学习成绩不如他人而感到自卑，或者因为自己的家庭背景不如他人而感到焦虑。面对未来的职业选择和人生规划，他们可能会感到迷茫和困惑。此时，他们需要更多的引导和支持，以帮助他们明确自己的目标和方向。

最后，高职生自我意识的发展还体现在对自我价值的追求上。高职生不再满足于仅仅完成学业任务，他们希望通过自己的努力为社会做出贡献，实现自我价值。他们可能会积极参与社会实践活动、志愿服务等，在为他人服务的过程中体验到成就感和满足感。

为了促进高职生自我意识的健康发展，学校和教师可以采取以下措施：一是引导学生正确认识自己，帮助他们客观地评价自己的优点和不足，树立正确的自我观念；二是鼓励学生积极参与各种社会实践活动，让他们在实践中不断地探索自己、发现自己，提高自我认知能力；三是加强心理健康教育，帮助学生学会正确处理自我意识发展过程中出现的各种问题，如自卑、自负、焦虑等情绪。

二、情绪特点与管理

高职生的情绪具有鲜明的特点。

首先，他们的情绪体验较为强烈。由于正处于青春期，他们的情感丰富、敏感，容易受到外界因素的影响而产生强烈的情绪反应。例如，在面对考试失利、恋爱挫折、人际关系冲突等问题时，他们可能会表现出愤怒、悲伤、焦虑等强烈的情绪。

其次，高职生的情绪波动较大。他们的情绪往往不稳定，容易受到外界环境的变化而发生变化。例如，在一天之内，他们可能会因为不同的事情而经历多种情绪的变化，从兴奋到沮丧，从快乐到悲伤。

再次，高职生的情绪表达较为直接。他们往往不善于掩饰自己的情绪，会直接表达自己的喜怒哀乐。这种直接的情绪表达可能会给他们带来一些麻烦，如与他人发生冲突、影响人际关系等。

高职生的情绪具有强烈性和波动性。他们在面对学习压力、人际关系问题、情感困扰等情况时，往往会产生较为强烈的情绪反应。例如，考试失利可能会让他们感到沮丧和失落，与同学发生矛盾可能会让他们愤怒和焦虑。同时，他们的情绪也容易受到外界因素的影响，如社交媒体上的信息、他人的评价等。

不过，高职生也在逐渐学会情绪管理。他们开始意识到情绪对自己的学习和生活有着重要影响，尝试通过各种方式来调节自己的情绪。一些学生可能会选择运动、听音乐、阅读等方式来放松心情，缓解压力；一些学生则会通过与同学、朋友、家人交流来倾诉自己的烦恼，获得支持和建议。学校也可以通过开设心理健康课程、提供心理咨询服务等方式，帮助学生更好地掌握情绪管理的方法和技巧。

为了帮助高职生更好地管理自己的情绪，学校和教师可以采取这些措施：一是加强情绪教育，让学生了解情绪的种类、特点、产生原因以及对身心健康的影响，提高他们的情绪认知能力；二是教授学生情绪管理的方法和技巧，如深呼吸、放松训练、积极思维等，帮助他们学会有效地调节自己的情绪；三是营造良好的校园氛围，关注学生的情绪变化，及时给予关心和支持，帮助他们缓解压力、调节情绪。

三、人际交往需求与困惑

高职生有着强烈的人际交往需求。一方面，他们渴望与他人建立良好的人际关系，获得他人的认可和尊重。在大学期间，他们离开家庭，来到一个新的环境，需要结交新朋友，建立新的社交圈子。在校园里，他们通过参加社团活动、班级活动等方式扩大自己的社交圈子，与不同性格、背景的人交流和互动。通过与他人的交往，他们可以分享彼此的生活经验、情感体验和思想观念，从而丰富自己的人生阅历，提高自己的综合素质。另一方面，高职生也希望通过人际交往来满足自己的情感需求。他们渴望得到他人的关心、支持和理解，在遇到困难和挫折时能够得到他人的帮助和鼓励。同时，他们也希望通过与他人的交往来寻找自己的人生伴侣，建立稳定的恋爱关系。

然而，高职生在人际交往中也常常会遇到一些困惑。首先，他们可能会因为缺乏人际交往的技巧而感到困惑。例如，一些学生不知道如何与他人进行有效的沟通、如何处理人际关系冲突、如何建立良好的人际关系等。其次，他们可能会因为自我中心意识较强而在人际交往中遇到困难。一些学生在交往中只考虑自己的利益和感受，不懂得尊重他人、关心他人，从而导致人际关系紧张。最后，他们可能会因为人际交往的压力而感到困惑。在大学期间，学生们面临着各种人际交往的压力，如社交焦虑、孤独感、人际关系冲突等，这些压力可能会影响他们的身心健康和学习生活。为了解决这些困惑，高职生需要不断提高自己的人际交往能力。他们可以学习有效的沟通技巧，如倾听、表达、反馈等，增强与他人的理解和信任。同时，他们也应该学会尊重他人的差异，包容不同的观点和行为，以更加开放和包容的心态去与人交往。

为了帮助高职生更好地满足人际交往需求，解决人际交往中的困惑，学校和教师可以采取这些措施：一是开设人际交往课程，教授学生人际交往的技巧和方法，提高他们的人际交往能力；二是组织各种社交活动，如社团活动、文艺比赛、志愿服务等，为学生提供更多的人际交往机会；三是加强心理健康教育，帮助学生学会正确处理人际交往中的压力和困惑，提高他们的心理调适能力。同时，学生自己也应该积极主动地参与人际交往活动，不断地学习和提高自己的人际交往能力，努力建立良好的人际关系。

第二节　高职院校大学生的专业学习特点

在高等教育体系中，高职教育以其独特的定位和目标，培养出了一批又一批具有专业技能和实践能力的应用型人才。高职生的专业学习呈现出一系列鲜明的特点。

一、实践导向的学习模式

高职教育强调实践教学，以培养学生的实际操作能力和解决问题的能力为核心目标。在专业学习中，实践导向的学习模式贯穿始终。

第一，课程设置紧密围绕专业实践。实践导向意味着学习过程紧密围绕实际操作和应用展开。高职生的课程不仅包括理论知识的传授，更注重实践环节的安排。例如，机械制造专业的学生，除了学习机械原理、工程制图等理论课程外，还会有大量的时间用于机床操作、模具制作等实践课程。通过实践课程，学生能够将理论知识与实际操作相结合，更好地理解和掌握专业技能。

第二，实习实训是专业学习的重要组成部分。高职生通常会在学习期间安排一定时间的实习实训，到企业中去亲身体验实际工作环境和生产流程。在实习实训中，学生能够接触到真实的工作任务和项目，在企业导师的指导下，将所学知识应用到实际工作中，提高自己的实践能力和职业素养。

第三，实践教学方法多样化。为了更好地培养学生的实践能力，高职教师采用了多种实践教学方法，如案例教学、项目教学、模拟教学等。这些教学方法以实际问题或项目为载体，引导学生通过自主探究、团队合作等方式解决问题，提高学生的实践能力和创新能力。

第四，这种学习模式注重培养学生的问题解决能力。在实践过程中，学生不可避免地会遇到各种问题，如设备故障、工艺难题等。他们需要运用所学知识，分析问题产生的原因，并提出有效的解决方案。这一过程不仅锻炼了学生的专业技能，还培养了他们的创新思维和解决实际问题的能力。

此外，实践导向的学习模式还强调与企业的紧密合作。高职院校通常与企业建立合作关系，为学生提供实习实训的机会。学生在企业中能够接触到真实的工作环境和生产流程，了解行业的最新发展动态和企业的实际需求。这种校企合作的方式有助于学生将所学知识与企业实际需求相结合，从而提高就业竞争力。

二、技能培养的突出地位

对于高职生来说，技能培养是专业学习的核心任务。高职生的专业学习以技能培养为重点，旨在使学生掌握扎实的专业技能，为未来的职业发展打下坚实的基础。高职生只有具备扎实的专业技能，才能在激烈的就业市场中脱颖而出。

首先，技能培养为学生的职业发展奠定坚实基础。以计算机专业为例，学生通过学习编程语言、数据库管理、软件开发等技能，能够在毕业后从事软件开发、系统维护、数据分析等工作。具备精湛技能的学生往往更容易获得企业的青睐，获得更好的职业发展机会。

其次，技能培养有助于提高学生的就业竞争力。在就业市场中，企业更加注重求职者的实际操作能力和解决问题的能力。高职生通过在校期间的技能训练，能够熟练掌握专业技能，具备较强的实践能力，从而在求职过程中更具优势。

最后，技能培养也能够激发学生的学习兴趣和积极性。当学生看到自己通过努力掌握了一项项实用技能，并能够运用这些技能解决实际问题时，会产生强烈的成就感和自信心，进而更加积极地投入到学习中去。

对高职生的技能培养也表现出以下三方面的突出特征。

一是技能培养具有针对性。高职教育根据不同专业的特点和市场需求，确定了明确的技能培养目标。例如，电子信息专业的学生需要掌握电路设计、电子设备维修等技能；酒店管理专业的学生需要掌握酒店服务、客房管理等技能。通过有针对性的技能培养，学生能够在毕业后迅速适应工作岗位的要求。

二是技能培养注重实用性。高职生所学的技能都是与实际工作密切相关的，具有很强的实用性。这些技能不仅能够帮助学生解决实际工作中的问题，还能够提高学生的就业竞争力。例如，汽车维修专业的学生通过学习汽车故障诊断与维修技能，能够在汽车维修企业中胜任维修技师的工作。

三是技能培养强调持续更新。随着科技的不断进步和产业的不断升级，专业技能也在不断更新和发展。高职生需要不断学习新的技能和知识，以适应市场的需求。学校和教师也会通过开展技能竞赛、组织培训等方式，鼓励学生不断提高自己的技能水平。

三、强调职业素养的养成

职业素养是指在职业活动中应具备的道德、态度、行为等方面的综合素质。高职生的专业学习不仅要注重技能培养，还要强调职业素养的养成。高职生在专业学习过程中，对职业素养有着特殊的需求。职业素养不仅包括专业技能，还涵盖职业道德、职业态度、职业行为习惯等方面。

首先，职业道德教育贯穿专业学习始终。职业道德是高职生必须具备的重要素养之一。在职业活动中，高职生要遵守诚实守信、爱岗敬业、保守机密等职业道德规范。例如，高职生在学习过程中，会接受职业道德教育，培养诚实守信、爱岗敬业、团队合作等职业道德品质。例如，在会计专业中，学生必须具备严谨的工作态度和高度的责任心，确保财务数据的准确性和保密性。在护理专业中，学生需要树立关爱患者、尊重生命的职业道德观念；在建筑工程专业中，学生需要培养严谨认真、质量第一的职业道德意识。

其次，职业态度的培养至关重要。职业态度也是高职生职业素养的重要组成部分。积极主动、认真负责、团队合作等良好的职业态度，能够帮助高职生更好地适应职场环境，提高工作效率。高职生需要具备积极主动、认真负责、勇于创新等职业态度。在工程项目中，团队成员之间需要密切配合、相互协作，共同完成项目任务。具备良好职业态度的高职生能够更好地融入团队，为团队的成功贡献自己的力量。在专业学习中，教师会通过课堂教学、实践指导等方式，引导学生树立正确的职业态度。例如，在市场营销专业中，学生需要具备积极主动的营销意识和服务意识；在软件开发专业中，学生需要具备勇于创新的精神和不断探索的态度。

最后，职业行为习惯的养成不容忽视。高职生还需要养成良好的职业行为习惯，如遵守工作纪律、注重工作效率、保持工作环境整洁等。这些职业行为习惯不仅能够提高工作质量和效率，还能够体现学生的职业素养和专业形象。

总之，高职生的专业学习具有实践导向、突出技能培养、强调职业素养养成等特点。了解这些特点，对于高职生更好地进行专业学习、提高自身综合素质、实现职业发展目标具有重要意义。同时，也为高职院校的教育教学改革提供了重要依据。高职院校应根据这些特点，优化课程设置，加强实践教学，注重技能培养和职业素养的提升，为社会培养出更多高素质的技术技能型人才。

第三节　高职院校大学生的职业发展需求

随着社会经济的快速发展和产业结构的不断调整，高职生的职业发展需求日益凸显。

作为未来的职业人才，他们的职业发展需求直接关系到个人的成长和社会的发展。因此，深入了解高职生的职业发展需求，对于提高高职生的就业竞争力、促进个人的职业发展以及推动社会经济的发展具有重要意义。高职生职业发展需求较广泛，主要包括就业市场的挑战与机遇、职业规划的重要性与方法、职业素养的培养、继续教育的需求以及创新创业能力的培养等。

一、高职生职业发展需求的背景

（一）社会经济发展的需求

随着我国经济的快速发展，产业结构不断调整升级，对高素质技术技能人才的需求日益旺盛。特别是在制造业、服务业等领域，需要大量的具有专业技能和实践经验的高职生。同时，随着科技创新的不断推进，新兴产业不断涌现，也为高职生提供了更多的职业发展机会。

（二）高等职业教育的发展

近年来，我国高等职业教育取得了长足的发展，办学规模不断扩大，办学质量不断提高。高职院校在人才培养模式、课程设置、教学方法等方面进行了一系列的改革和创新，以适应社会对高素质技术技能人才的需求。同时，高职院校也加强了与企业的合作，通过产教融合、校企合作等方式，提高学生的实践能力和职业素养。

（三）高职生自身的特点

高职生作为一个特殊的群体，他们具有自己的特点和需求。一方面，高职生具有较强的实践能力和动手能力，他们渴望在实践中学习和成长；另一方面，高职生也面临着就业压力和职业发展的困惑，他们需要更多的指导和帮助。

二、就业市场的挑战与机遇

（一）高职生就业面临的挑战

1. 日益激烈的竞争

随着高等教育的普及和职业教育的快速发展，高职院校毕业生数量逐年增加，就业市场竞争愈发激烈。不仅要与同层次的高职生竞争，还要面对本科及以上学历毕业生的压力。例如，在一些热门行业和岗位的招聘中，往往会吸引大量的求职者，使得高职生面临更大的挑战。

2. 技能要求的不断提高

当今社会，科技发展日新月异，产业结构不断调整升级。就业市场对人才的技能要求也在不断提高。高职生需要具备扎实的专业技能、较强的实践能力和创新精神，才能满足企业的需求。例如，在智能制造领域，企业需要员工掌握先进的自动化技术、编程技术和数据分析能力等。

3. 学历门槛的限制

尽管高职教育注重实践能力的培养，但在一些行业和企业中，仍然存在学历门槛的限制。部分企业在招聘时更倾向于本科及以上学历的毕业生，这使得高职生在求职过程中可能会受到一定的限制。例如，在金融、法律等行业，对学历的要求相对较高，高职生的就业机会相对较少。

（二）高职生就业面临的机遇

1. 产业升级带来的需求

随着我国产业结构的调整升级，新兴产业不断涌现，对技术技能型人才的需求日益旺盛。高职生作为培养应用型人才的重要群体，在这些新兴产业中有着广阔的就业空间。例如，在新能源汽车、人工智能、大数据等领域，需要大量具备专业技能和实践经验的高职毕业生。

2. 国家的政策支持

国家高度重视职业教育的发展，出台了一系列政策措施，鼓励企业与职业院校合作，提高职业教育质量，促进毕业生就业。例如，国家实施的现代学徒制、产教融合等项目，为高职生提供了更多的实习和就业机会。

3. 区域经济的发展需求

不同地区的经济发展特点和产业布局不同，对人才的需求也存在差异。高职生可以根据所在地区的经济发展需求，选择适合自己的专业和就业方向。例如，在一些制造业发达的地区，对机械制造、电子信息等专业的高职生需求较大；在旅游资源丰富的地区，旅游管理、酒店管理等专业的高职生就业机会较多。

三、职业规划的重要性与方法

（一）职业规划的重要性

1. 明确职业目标

职业规划可以帮助高职生明确自己的职业目标，了解自己的兴趣、爱好和优势，从而选择适合自己的职业方向。有了明确的职业目标，高职生在学习和实践中能够更加有针对性地提升自己的专业技能和综合素质，为未来的职业发展做好准备。

2. 提高就业竞争力

通过职业规划，高职生可以提前了解就业市场的需求和趋势，掌握求职技巧和方法，提高自己的就业竞争力。例如，参加职业技能培训、考取相关职业资格证书、积累实习经验等，都可以增加自己在求职过程中的优势。

3. 促进个人成长和发展

职业规划不仅是为了找到一份工作，更是为了实现个人的成长和发展。通过职业规划，高职生可以不断地挑战自己，超越自己，实现自己的人生价值。同时，职业规划也可以帮助高职生在职业发展过程中保持积极的心态，应对各种挑战和困难。

（二）职业规划的方法

1. 自我评估

高职生首先要进行自我评估，了解自己的兴趣、爱好、优势和不足。可以通过自我反思、职业测评、向他人请教等方式，对自己进行全面的了解。例如，使用职业兴趣测评工具，了解自己的职业兴趣类型；向老师、同学、家人等征求意见，了解自己的优点和不足。

2. 职业探索

在进行自我评估的基础上，高职生要进行职业探索，了解不同职业的特点、要求和发展前景。可以通过查阅资料、参加职业讲座、实地考察等方式，了解不同职业的情况。例如，通过网络搜索了解某个职业的工作内容、技能要求和薪资待遇；参加企业举办的职业讲座，了解行业发展趋势和企业用人需求。

3. 确定职业目标

根据自我评估和职业探索的结果，高职生要确定自己的职业目标。职业目标要具体、可行，并具有一定的挑战性。例如，确定在毕业后的一年内进入某家企业从事某个岗位的工作；在未来三年内成为一名技术骨干等。

4. 制订行动计划

确定职业目标后，高职生要制订具体的行动计划，为实现职业目标做好准备。行动计划要包括学习计划、实践计划、求职计划等方面。例如，制订学习计划，提高自己的专业技能和综合素质；参加实习和社会实践活动，积累工作经验；制订求职计划，准备简历、求职信等求职材料，参加招聘会和面试等。

5. 评估与调整

在实施行动计划的过程中，高职生要定期对自己的职业规划进行评估和调整。根据实际情况的变化，及时调整职业目标和行动计划，确保职业规划的有效性和可行性。例如，当发现自己的兴趣发生变化或者就业市场的需求发生改变时，及时调整自己的职业目标和行动计划。

四、职业素养的培养

（一）职业道德

职业道德是指在职业活动中应遵循的道德规范和准则。高职生要具备诚实守信、爱岗敬业、团队合作、责任心强等职业道德品质。例如，在工作中要遵守企业的规章制度，保守企业的商业秘密；要认真履行自己的工作职责，不敷衍推责；要尊重同事，与同事友好合作等。

（二）职业技能

职业技能是指从事某一职业所需要的专业知识和技能。高职生要通过学习和实践，不断提高自己的职业技能水平。例如，在专业学习中要掌握扎实的理论知识，在实习和实践中要熟练掌握操作技能；要积极参加职业技能培训和竞赛，不断提高自己的技能水平。

（三）职业态度

职业态度是指对职业的认识和态度。高职生要树立正确的职业态度，热爱自己的职业，积极主动地工作。例如，要对自己的职业充满信心，相信自己能够在工作中取得成功；要积极主动地学习和工作，不断提高自己的能力和素质；要勇于面对工作中的挑战和困难，不轻易放弃。

（四）职业习惯

职业习惯是指在职业活动中养成的良好习惯。高职生要养成良好的职业习惯，如遵守工作时间、注重工作效率、保持工作环境整洁等。例如，要按时上下班，不迟到早退；要合理安排工作时间，提高工作效率；要保持工作环境整洁，爱护工作设备等。

五、继续教育的需求

（一）提升学历

随着社会的发展和竞争的加剧，越来越多的高职生希望通过提升学历来提高自己的就业竞争力。高职生可以通过参加专升本考试、自学考试、成人高考等方式，提升自己的学历层次。例如，一些高职生在毕业后选择参加专升本考试，进入本科院校继续深造，以获得更高的学历和更好的职业发展机会。

（二）职业技能培训

职业技能培训是提高高职生职业技能水平的重要途径。高职生可以根据自己的职业发展需求，参加各种职业技能培训课程，如计算机技能培训、英语培训、职业资格证书培训等。例如，一些高职生为了提高自己的计算机技能，参加了计算机编程培训课程；一些高职生为了获得职业资格证书，参加了相关的培训和考试。

（三）企业内训

企业内训是企业为员工提供的一种培训方式。高职生在进入企业后，可以参加企业组织的内训课程，了解企业的文化、制度和业务流程，提高自己的职业素养和工作能力。例如，一些企业会为新员工提供入职培训，帮助他们尽快适应企业的工作环境；一些企业会定期组织员工参加业务培训，提高员工的业务水平。

六、创新创业能力的培养

（一）创新意识的培养

创新意识是指对创新的认识和追求。高职生要培养自己的创新意识，敢于质疑、敢于突破传统思维，勇于提出新的想法和观点。例如，在学习和实践中，要积极思考问题，尝试用不同的方法解决问题；要关注行业的最新发展动态，了解新技术、新工艺、新材料的应用，为创新提供灵感。

（二）创新能力的培养

创新能力是指在创新过程中所需要的能力和素质。高职生要通过学习和实践，不断提高自己的创新能力。例如，要学习创新方法和技巧，如头脑风暴法、TRIZ（萃智）理论等；要参加创新创业竞赛和活动，锻炼自己的创新能力和实践能力；要与同学、老师、企业合作，共同开展创新项目，提高团队合作能力和创新能力。

（三）创业精神的培养

创业精神是指在创业过程中所需要的精神品质。高职生要培养自己的创业精神，敢于冒险、勇于拼搏、坚持不懈。例如，要了解创业的基本知识和流程，掌握创业的方法和技巧；要积极参加创业实践活动，积累创业经验；要树立正确的创业价值观，以实现自己的人生价值为目标，而不是仅仅为了追求经济利益。

第四节　满足高职院校大学生职业发展需求的策略和建议

一、高职院校方面

（一）优化人才培养方案

高职院校要根据社会经济发展的需求和学生的职业发展需求，优化人才培养方案。在课程设置上，要注重理论与实践相结合，增加实践教学环节的比重；在教学方法上，要采用多样化的教学方法，如项目教学法、案例教学法、模拟教学法等，提高学生的学习兴趣和实践能力；在考核评价上，要建立多元化的考核评价体系，注重对学生的综合素质和实践能力的考核。

（二）加强师资队伍建设

高职院校要加强师资队伍建设，提高教师的教学水平和实践能力。一方面，要引进具有丰富实践经验的企业技术人员和管理人员担任兼职教师，为学生传授实际工作中的经验和技能；另一方面，要鼓励教师参加企业实践和培训，提高教师的实践能力和专业水平。

（三）加强与企业的合作

高职院校要加强与企业的合作，建立长期稳定的合作关系。通过产教融合、校企合作等方式，为学生提供更多的实习和就业机会；同时，也可以邀请企业专家参与学校的教学和科研工作，提高学校的教学质量和科研水平。

（四）开展职业规划指导

高职院校要开展职业规划指导，帮助学生明确自己的职业目标，制订合理的职业规划。可以通过开设职业规划课程、举办职业规划讲座、开展职业咨询等方式，为学生提供职业规划指导和服务。

（五）培养创新创业能力

高职院校要注重培养学生的创新创业能力，为学生提供创新创业教育和实践平台。可以通过开设创新创业课程、举办创新创业竞赛、建立创新创业基地等方式，培养学生的创新意识和创业精神，提高学生的创新创业能力。

二、企业方面

（一）提供实习和就业机会

企业要积极为高职生提供实习和就业机会，让学生在实践中学习和成长。可以通过与高职院校建立合作关系，开展订单式培养、现代学徒制等项目，为企业培养所需的人才。

（二）参与学校的教学和科研工作

企业可以派出技术人员和管理人员参与学校的教学和科研工作，为学校提供实际工作中的案例和经验，提高学校的教学质量和科研水平。同时，也可以通过与学校合作开展科研项目，共同解决企业在生产和管理中遇到的问题。

（三）提供培训和发展机会

企业要为员工提供培训和发展机会，帮助员工不断提高自己的职业素养和工作能力。对于高职生来说，可以为他们提供入职培训、岗位技能培训、职业发展规划等方面的培训和指导，帮助他们尽快适应企业的工作环境，实现职业发展目标。

三、高职生自身方面

（一）树立正确的职业观念

高职生要树立正确的职业观念，认识到职业发展是一个长期的过程，需要不断地学习和努力。要摒弃传统的“学历至上”观念，树立“能力至上”的观念，注重培养自己的实践能力和职业素养。

（二）提高自身综合素质

高职生要通过学习和实践，不断提高自身的综合素质。要注重专业知识的学习，掌握扎实的专业技能；要积极参加各种社会实践活动，提高自己的沟通能力、团队合作能力和创新能力；要注重自身的品德修养，培养诚实守信、爱岗敬业、责任心强等职业道德品质。

（三）积极参加实习和实践活动

高职生要积极参加实习和实践活动，积累工作经验。可以通过参加学校组织的实习、社会实践活动，或者自己寻找实习机会，了解企业的工作环境和业务流程，提高自己的实践能力和职业素养。

（四）不断学习和提升自己

高职生要树立终身学习的观念，不断学习和提升自己。可以通过参加继续教育、职业技能培训、创新创业竞赛等方式，提高自己的学历层次和职业技能水平，为自己的职业发展打下坚实的基础。

综上所述，高职生的职业发展需求是多方面的，包括就业市场的挑战与机遇、职业规划的重要性与方法、职业素养的培养、继续教育的需求以及创新创业能力的培养等。满足高职生的职业发展需求，需要高职院校、企业和高职生自身共同努力。高职院校要优化人才培养方案、加强师资队伍建设、加强与企业的合作、开展职业规划指导、培养创新创业能力；企业要提供实习和就业机会、参与学校的教学和科研工作、提供培训和发展机会；高职生自身要树立正确的职业观念、提高自身综合素质、积极参加实习和实践活动、不断学习和提升自己。只有通过各方的共同努力，才能更好地满足高职生的职业发展需求，提高高职生的就业竞争力，促进高职生的个人成长和发展，为社会经济的发展做出更大的贡献。

第三章
高职院校大学生成长评价的**主体与责任**

在高职教育的舞台上，高职生的成长评价至关重要，而明确评价的主体与责任，则是确保评价科学、公正、有效的关键。高职生成长评价的主体主要包括教师、学生自身、企业和家长，这些主体与各自的责任之间存在着紧密的关系。

第一节　教师的评价角色

教师作为高职生成长评价的重要主体，肩负着重大责任。他们是知识的传授者，也是学生成长道路上的引路人。教师通过课堂表现、作业完成情况、考试成绩等方面对学生进行评价，能够准确地判断学生的专业知识掌握程度和学习能力。同时，教师还应关注学生的品德修养、团队合作精神等综合素质，以全面、客观的评价激励学生不断进步。教师要秉持公平、公正的原则，用专业的眼光和丰富的教学经验，为学生的成长提供有价值的反馈和建议。

一、课堂教学中的观察与评价

在高职生的成长过程中，教师作为重要的评价主体，在课堂教学中的观察与评价起着至关重要的作用。

（一）学习态度与参与度评价

学习态度是高职生成长的关键因素之一。在课堂上，教师可以通过观察学生的出勤情况、课堂表现等来评价其学习态度。按时出勤是学生认真对待学习的基本体现，那些经常缺勤的学生往往难以在学业上取得良好的成绩。而在课堂表现方面，积极参与讨论、主动回答问题的学生展现出了对知识的渴望和积极的学习态度。

教师还可以观察学生在小组活动中的参与度。在小组合作学习中，有些学生积极承担任务，与小组成员密切配合，为达成共同的目标而努力；而有些学生则消极怠工，不愿付出努力。积极参与小组活动的学生不仅能够提升自己的团队协作能力，还能在交流与合作中拓宽自己的思维。

对于学习态度良好、参与度高的学生，教师应及时给予肯定和鼓励，激发他们的内在潜能，超越自我。而对于学习态度不端正、参与度低的学生，教师要及时进行沟通和引导，帮助他们认识到学习的重要性，调整自己的态度。

（二）知识掌握与应用能力评价

在课堂教学中，教师可以通过提问、作业、测验等方式来评价学生对知识的掌握程度。能够准确回答问题、高质量完成作业、在测验中取得较好成绩的学生，通常表明他们对知识有较好的理解和掌握。

然而，知识的掌握不仅仅在于记忆，更重要的是会应用。教师可以观察学生在解决实际问题时的表现，看他们是否能够灵活运用所学知识。例如，在实践课程中，学生能否将理论知识与实际操作相结合，独立完成任务并解决遇到的问题。那些能够将知识学以致用的学生，在未来的职业发展中更具竞争力。

对于知识掌握扎实、应用能力强的学生，教师可以给予更高的挑战，鼓励他们进一步拓展自己的知识领域和能力范围。对于知识掌握存在困难、应用能力较弱的学生，教师要进行有针对性的辅导，帮助他们查漏补缺，逐步提高知识水平和应用能力。

总之，教师在高职生成长评价中，通过对课堂教学中的学习态度与参与度、知识掌握与应用能力的观察与评价，能够为学生的成长提供有价值的反馈和指导，促进高职生在学业和综合素质方面不断进步。

二、实践教学中的指导与评价

在高职生的成长过程中，实践教学是培养学生专业技能和综合素质的关键环节。教师作为评价主体，在实践教学中的指导与评价对学生的发展起着至关重要的作用。

（一）技能操作规范与熟练程度评价

技能操作规范是实践教学的基础要求。教师在实践教学中，首先要观察学生是否严格按照操作规程进行操作。从工具的正确选用和摆放，到每一个操作步骤的准确执行，都体现着学生对技能操作规范的掌握程度。规范的操作不仅能确保实践过程的安全，还能培养学生严谨的职业态度。

熟练程度则反映了学生对技能的掌握水平。教师可以通过观察学生完成实践任务的时间、质量和稳定性来评价其熟练程度。熟练的学生能够高效地完成任务，操作流畅，失误较少。对于技能操作不规范或不熟练的学生，教师应及时给予纠正和指导，通过反复练习和示范，帮助他们提高操作水平。

（二）问题解决能力与创新思维评价

在实践教学中，学生不可避免地会遇到各种问题。教师要关注学生在面对问题时的表现，评价他们的问题解决能力。具备良好问题解决能力的学生，能够迅速分析问题产生的原因，提出合理的解决方案，并积极尝试解决问题。他们会主动查阅资料、请教他人，充分利用各种资源来克服困难。

创新思维也是教师在实践教学中应重点评价的内容。在完成实践任务的过程中，有些学生能够不拘泥于传统方法，提出新颖的思路和创意。教师要鼓励学生勇于尝试新方法、新技术，培养他们的创新意识和创新能力。对于具有创新思维的学生，教师可以给予更多的支持和引导，帮助他们将创意转化为实际成果。

教师在实践教学中的指导与评价，应注重过程性评价与结果性评价相结合。不仅要关注学生最终的实践成果，还要观察他们在实践过程中的表现。通过及时的反馈和指导，让学生清楚地了解自己的优势和不足，从而有针对性地进行改进和提高。

总之，教师作为高职生成长评价的主体之一，在实践教学中要充分发挥指导与评价的作用。通过对技能操作规范与熟练程度、问题解决能力与创新思维的评价，激发学生的学习积极性和创造力，促进高职生在实践中不断成长和进步。

三、教师评价的方法与技巧

在高职生的成长过程中，教师作为重要的评价主体，其评价方法与技巧对于准确、全面地了解学生的发展状况至关重要。

（一）形成性评价与终结性评价相结合

形成性评价贯穿于学生的学习过程中，它关注学生的学习进展和努力程度。教师可以通过课堂提问、作业批改、小组讨论等方式进行形成性评价。课堂提问能够及时了解学生对知识的掌握情况，发现学生的困惑点，以便调整教学进度和方法。作业批改不仅可以评估学生对知识的理解和应用能力，还能看出学生的学习态度和努力程度。小组讨论则能观察学生的团队合作能力、沟通能力和问题解决能力。

形成性评价的目的在于提供及时的反馈，帮助学生认识自己的优势和不足，从而调整学习策略，不断进步。例如，当教师发现学生在作业中存在错误时，可以给予具体的指导和建议，让学生明白错误的原因和改进的方法。

终结性评价通常在一个学习阶段结束时进行，如期末考试、项目报告等。它主要用于评估学生对知识的整体掌握程度和学习成果。终结性评价可以为学生的学习提供一个总结性的反馈，同时也为教师调整教学内容和方法提供依据。

将形成性评价与终结性评价相结合，能够全面、动态地了解学生的成长过程。教师既可以关注学生的学习进展，及时给予指导和鼓励，又能在学习阶段结束时对学生的整体表现进行客观评价。

（二）量化评价与质性评价的运用

量化评价是通过数据来衡量学生的学习成果和表现。例如，考试成绩、作业得分、考勤记录等都是量化评价的指标。量化评价具有客观性和可比较性的优点，能够直观地反映学生在某些方面的表现水平。

然而，量化评价也有其局限性，它不能完全反映学生的综合素质和个性特点。这时，质性评价就显得尤为重要。质性评价主要通过观察、访谈、作品分析等方式来了解学生的学习态度、创新能力、情感态度等方面的情况。教师可以通过观察学生在课堂上的表现，了解他们的学习积极性和参与度；通过访谈学生，了解他们的学习感受和困惑；通过分析学生的作品，了解他们的创新思维和实践能力。

质性评价虽然能够深入挖掘学生的个性特点和潜在能力，为教师提供更丰富、更全面的评价信息，但它也存在一些不足和局限性。质性评价的主观性较强，评价结果很大程度上依赖于评价者的个人经验、价值观和观察角度。不同的评价者对同一学生的评价可能会存在较大差异，这使得评价结果的可靠性和稳定性受到一定影响。例如，在观察学生课堂表现时，有的教师可能更注重学生的发言次数，而有的教师则更关注发言的质量，由此得出的评价可能大相径庭。此外，质性评价的实施过程较为复杂且耗时耗力。无论是进行观察、访谈，还是对学生作品进行分析，都需要教师投入大量的时间和精力。这对于教学任务繁重的教师来说，可能难以全面、深入地开展。而且，质性评价的结果难以进行精确的量化统计和比较，在对大规模学生群体进行评价时，难以直观地呈现出学生之间的差异和整体水平，不利于学校或教师进行宏观的教学质量评估和决策。

可见，只有将量化评价与质性评价相结合，才可以弥补彼此的不足，使评价更加科学、合理。总之，教师在高职生成长评价中，应灵活运用形成性评价与终结性评价相结合、量化评价与质性评价的方法与技巧。通过多种评价方式的综合运用，全面、准确地了解学生的成长状况，为学生的发展提供有针对性的指导和支持，促进高职生在知识、技能和综合素质等方面的全面提升。

第二节　学生自我评估

一、自我认知的重要性与方法

在高职生的成长评价中，学生作为评价主体之一，其自我认知起着至关重要的作用。

（一）自我反思与内省的重要性

自我反思与内省是高职生成长的关键环节。通过自我反思，学生能够回顾自己的学习历程、行为表现和成长轨迹，深入剖析自己的优点和不足。这种自我审视的过程有助于学生更好地了解自己的兴趣爱好、优势特长以及潜在的发展方向。同时，自我反思也能促使学生对自己的学习态度、努力程度进行反思，从而激发内在的学习动力，提高学习的积极性和主动性。

内省则让学生能够从内心深处去思考自己的价值观、人生观和世界观。在高职阶段，学生面临着各种选择和挑战，通过内省，他们可以明确自己的人生目标和追求，为未来的职业发展和个人成长奠定坚实的基础。此外，自我反思与内省还能培养学生的自我管理能力和责任感，让他们学会对自己的行为负责，不断提升自己的综合素质。

（二）借助工具进行自我评估的方法

1. 学习日志

学生可以通过撰写学习日志，记录自己每天的学习内容、收获与困惑。学习日志不仅可以帮助学生回顾学习过程，还能让他们发现自己的学习规律和问题所在。通过定期翻阅学习日志，学生可以进行自我评估，总结经验教训，调整学习方法和策略。

2. 问卷调查

学生可以设计针对自己的问卷调查，从学习态度、学习方法、时间管理、人际交往等方面进行自我评估。问卷调查可以让学生从多个角度了解自己的现状，发现自己的不足之处。同时，学生还可以邀请同学、老师或家长参与问卷调查，获取他人对自己的评价和建议，以便更全面地认识自己。

3. 心理测试

心理测试是一种科学有效的自我评估工具。学生可以通过参加职业兴趣测试、性格测试、能力测试等，了解自己的职业兴趣、性格特点和能力水平。这些测试结果可以为学生的职业规划和个人发展提供参考依据，帮助他们选择适合自己的专业和职业方向。

总之，在高职生成长评价中，学生的自我认知至关重要。通过自我反思与内省以及借助工具进行自我评估，学生能够更好地了解自己，明确自己的发展方向，提高自我管理能力和综合素质，为未来的职业发展和个人成长打下坚实的基础。

二、目标设定与自我激励

在高职生的成长评价体系中，学生作为重要的评价主体之一，目标设定与自我激励发挥着至关重要的作用。

（一）目标的设定

目标设定是高职生成长的重要指引。当学生明确自己的目标时，就如同在茫茫大海中找到了航行的方向。对于高职生而言，目标可以分为短期目标和长期目标。短期目标可以是在一次考试中取得优异成绩、学会一项新技能或者完成一个项目任务等。长期目标则可能是顺利毕业、获得专业证书、找到理想的工作或者实现个人的职业发展规划等。

目标设定不仅为学生提供了努力的方向，还能激发他们的自我激励。当学生为了实现自己设定的目标而努力奋斗时，内心会产生一种强烈的动力，促使他们不断克服困难、迎接挑战。自我激励是学生在成长过程中不可或缺的力量，它能够让学生在面对挫折和困难时保持积极向上的心态，坚持不懈地追求自己的目标。

（二）自我激励的策略与方法

1. 积极的自我对话

高职生可以通过积极的自我对话来激励自己。当遇到困难或挫折时，不要自我否定和抱怨，而是要对自己说一些鼓励的话，如“我可以的”“我一定能克服困难”“我有能力实现我的目标”等。积极的自我对话能够增强学生的自信心，激发他们的内在动力。

2. **设立奖励机制**

学生可以为自己设立奖励机制，当完成一个目标或者取得一定的进步时，给予自己适当的奖励。奖励可以是物质的，如买一本喜欢的书、吃一顿美食等；也可以是精神的，如给自己放一天假、看一场电影等。奖励机制能够让学生在努力的过程中感受到成就感和满足感，从而更加积极地投入到学习和成长中。

3. **寻找榜样激励**

高职生可以寻找身边的榜样或者成功人士作为自己学习的对象。榜样的力量是无穷的，他们的成功经历和奋斗精神能够激励学生不断努力。学生可以通过阅读榜样的故事、观看榜样的演讲或者与榜样交流等方式，汲取他们的正能量，激发自己的斗志。

4. **培养兴趣爱好**

兴趣是最好的老师，也是自我激励的重要源泉。高职生可以培养自己的兴趣爱好，在追求兴趣的过程中找到快乐和满足感。当学生对某件事情充满兴趣时，就会更加主动地去学习和探索，从而不断提升自己的能力和素质。

总之，在高职生的成长评价中，学生作为评价主体之一，要充分认识到目标设定与自我激励的重要性。通过合理设定目标和运用有效的自我激励策略与方法，学生能够不断激发自己的内在动力，积极主动地参与到学习和成长中，为自己的未来发展奠定坚实的基础。

三、自我评估的案例分析与经验分享

在高职生的成长评价体系中，学生作为重要的评价主体之一，自我评估起着关键的作用。自我评估不仅能够帮助学生更好地了解自己的优势和不足，还能促使他们积极主动地参与到自身的成长与发展过程中。以下是一些自我评估的案例分析与经验分享。

（一）案例分析

1. 小李的自我评估之旅

小李是一名高职生，在学习过程中，他经常进行自我评估。他会在每门课程结束后，回顾自己的学习表现，包括课堂参与度、作业完成情况、考试成绩等。通过自我评估，小李发现自己在数学课程中存在一些问题，例如解题思路不够清晰，对一些知识点的理解不够深入。于是，他制订了针对性的学习计划，加强对数学的学习，多做练习题，向老师和同学请教问题。经过一段时间的努力，小李的数学成绩有了明显提高。

2. 小王实践能力的自我评估

小王注重实践能力的培养，在参加实习和实践活动后，他会对自己的实践表现进行自我评估。他发现自己在团队协作方面还有待提高，有时候会过于坚持自己的观点，而忽略了团队成员的意见。为了改进这一问题，小王积极参加团队建设活动，学习沟通技巧和团队合作方法。在后续的实践中，他更加注重与团队成员的交流与合作，充分发挥自己的优势，同时也尊重他人的意见，团队的整体效率得到了显著提升。

（二）经验分享

1. 建立明确的评估标准

学生在进行自我评估时，应该建立明确的评估标准。这些标准可以包括学习成绩、专业技能、实践能力、团队协作、沟通能力等方面。通过明确的标准，学生能够更加客观地评价自己的表现，找出自己的优势和不足。

2. 定期进行自我评估

自我评估不是一次性的活动，而是一个持续的过程。学生应该定期进行自我评估，例如，每周、每月或每学期。通过定期的自我评估，学生可以及时发现自己的问题，并采取有效的措施进行改进。

3. **寻求他人的反馈**

自我评估可能存在一定的局限性，因此学生应该寻求他人的反馈。他人的反馈可以来自老师、同学、家长、实习单位的指导老师等。他人的反馈能够帮助学生从不同的角度了解自己的表现，发现自己没有意识到的问题。

4. **制订改进计划**

在进行自我评估后，学生应该根据自己的优势和不足，制订具体的改进计划。改进计划应该具有可操作性和可衡量性，以便学生能够清楚地知道自己需要做什么，以及如何评估自己的改进效果。

总之，在高职生的成长评价中，学生的自我评估是一个重要的环节。通过自我评估，学生能够更好地了解自己，发现自己的优势和不足，制订改进计划，积极主动地参与到自身的成长与发展过程中。同时，学生还可以通过分享自己的经验，帮助其他同学进行自我评估，共同提高大家的综合素质。

第三节　同学互评

在高职生的成长评价体系中，同学作为评价主体之一，同学互评具有重要的意义与价值。

一、同学互评的意义与价值

（一）促进相互学习与交流

同学互评能够为高职生提供一个相互学习与交流的平台。在互评过程中，学生们可以看到他人的优点和长处，了解到不同的学习方法和思维方式。例如，有的学生在专业知识的掌握上非常扎实，有的学生则在实践操作能力方面表现出色，还有的学生具备良好的沟通技巧和团队协作能力。通过观察和评价他人，学生们可以汲取他人的长处，弥补自己的不足，从而不断提升自己的综合素质。

同时，同学互评也促使学生们更加深入地反思自己的学习和行为。当学生们对他人进行评价时，他们需要依据一定的标准和准则，这也促使他们对自己的学习和行为进行审视和反思。在这个过程中，学生们能够更加清楚地认识到自己的优势和不足，明确自己的努力方向。此外，同学互评还可以激发学生们的学习动力和竞争意识。当学生们看到他人的优秀表现时，会产生一种紧迫感和危机感，从而更加努力地学习，取得更大的进步。

与自我评价相比，同学评价能够提供更为客观和全面的视角。自我评价往往容易受到个人主观因素的影响，可能会过高或过低地评价自己。而同学评价则来自于不同的个体，他们能够从不同的角度观察和评价某位同学，发现一些他自己可能没有意识到的优点和不足。例如，某同学可能认为自己在团队合作中表现得还不错，但其他同学可能会指出他在沟通方式上还有待改进。通过对比自我评价和同学评价，他可以更加准确地认识自己，调整自己的发展方向。

（二）培养团队合作精神

同学互评有助于培养高职生的团队合作精神。在现代社会，团队合作能力已经成为了一种重要的职业素养。通过同学互评，学生们可以更好地了解团队成员的特点和优势，从而在团队合作中更好地发挥各自的作用。例如，在小组项目中，学生们可以通过互评了解到每个成员的贡献和不足，进而调整团队分工和协作方式，提高团队的整体效率和质量。

此外，同学互评还可以促进学生们之间的沟通和交流，增强团队的凝聚力和向心力。在互评过程中，学生们需要表达自己的观点和看法，同时也需要倾听他人的意见和建议。通过这种互动和交流，学生们可以增进彼此之间的了解和信任，建立良好的人际关系。这种良好的人际关系不仅有助于团队合作的顺利进行，还能够为学生们的未来职业发展打下坚实的基础。

同样，在团队合作中，自我评价和同学评价的对比也能凸显其价值。自我评价可能更多地关注自己在团队中的付出和努力，而同学评价则会更注重个人对团队整体目标的贡献以及与他人的协作效果。通过对比，个人可以更好地理解团队合作的本质，学会从团队的角度出发思考问题，提高自己的团队合作能力。

总之，同学互评在高职生成长评价中具有重要的意义与价值。它不仅能够促进学生们之间的相互学习与交流，提高学生们的综合素质，还能够培养学生们的团队合作精神，为他们的未来职业发展做好准备。同时，通过与自我评价的对比，学生们可以更加全面、准确地认识自己，不断完善自己，实现更好的成长。

二、同学互评注意事项

（一）秉持客观公正的态度

避免主观偏见。不能因为个人喜好、关系亲疏等因素影响评价结果。例如，不能因为和某个同学关系好就给予过高的评价，或者因为与某个同学有矛盾就故意压低评价。要以客观的标准和实际表现为依据进行评价。

全面观察了解。在评价之前，要对被评价的同学进行全面的观察和了解。包括课堂表现、作业完成情况、小组活动参与度、实践操作能力等方面。不能仅凭一两次的表现就做出片面的评价。

（二）明确评价标准和内容

统一评价尺度。学生们应该在评价前共同讨论确定明确的评价标准，确保大家在同一尺度下进行评价。例如，对于学习态度的评价，可以具体规定按时出勤、积极参与课堂讨论、认真完成作业等方面的标准和权重。

聚焦关键内容。评价内容应围绕与学习和成长密切相关的方面，如专业知识掌握程度、实践技能水平、团队合作能力、沟通表达能力等。避免评价一些无关紧要或过于主观的内容。

（三）注重语言表达和反馈方式

1. 使用恰当语言

评价语言要恰当、具体、有建设性。避免使用过于笼统或模糊的语言，如“还不错”“一般”等。可以具体指出同学的优点和不足，并提出改进的建议。例如，“你的实践操作很熟练，但是在团队沟通方面可以更加主动一些，多与小组成员交流想法。”

2. 提供积极反馈

在指出不足的同时，也要充分肯定同学的优点和进步，给予积极的反馈。这样可以增强同学的自信心和积极性，促进他们更好地成长。例如，“你在这次项目中表现出了很强的责任心，认真完成自己的任务，这一点非常值得大家学习。”

（四）保护隐私和尊重他人

1. 匿名评价

可以采用匿名评价的方式，以减少同学之间的顾虑，让大家能够更加真实地表达自己的意见。但同时也要确保评价的公正性和客观性，避免匿名带来的不负责任的评价。

2. 尊重差异

每个人都有自己的特点和优势，在评价中要尊重同学之间的差异。不能用统一的标准去衡量所有的人，要理解和包容不同的学习方式和成长节奏。

（五）认真对待评价结果

1. 反思与改进

被评价的同学要认真对待同学互评的结果，将其作为自我反思和改进的重要依据。对于同学提出的建议，要虚心接受，并积极采取行动进行改进。

2. 促进共同成长

评价者也要关注被评价同学的改进情况，在后续的学习和生活中给予支持和帮助，共同促进大家的成长和进步。

三、同学互评的方法与流程

在高职生的成长评价体系中，学生作为评价主体之一，同学互评发挥着重要的作用。它不仅可以促进学生之间的相互学习和交流，还能培养学生的批判性思维和团队合作精神。以下是关于同学互评的方法与流程，重点阐述评价标准的制订以及评价过程的组织与实施。

（一）评价标准的制订

1. 明确评价目标

在制订评价标准之前，首先要明确同学互评的目标。同学互评的目的是促进学生的全面发展，提高学生的学习能力、实践能力、团队合作能力等。因此，评价标准应该围绕这些目标来制订。

2. 确定评价维度

根据评价目标，可以确定同学互评的评价维度。一般来说，评价维度可以包括学习态度、学习能力、实践能力、团队合作能力、沟通能力等方面。每个评价维度又可以进一步细分具体的评价指标。

3. 制订具体评价指标

在确定评价维度后，需要制订具体的评价指标。评价指标应该具有可操作性和可衡量性，以便学生能够准确地进行评价。例如，对于学习态度这个评价维度，可以制订以下评价指标：按时上课、认真听讲、积极参与课堂讨论、按时完成作业等。

4. **确定评价等级**

为了使评价结果更加直观和易于比较，可以确定评价等级。评价等级可以分为优秀、良好、中等、及格和不及格五个等级。每个评价等级应该对应具体的评价标准和得分范围。

（二）评价过程的组织与实施

1. **培训评价者**

在进行同学互评之前，需要对评价者进行培训。培训的内容包括评价标准的解读、评价方法的介绍、评价过程中的注意事项等。通过培训，使评价者能够准确地理解评价标准，掌握评价方法，确保评价结果的客观公正。

2. **组织评价活动**

评价活动可以在课堂上、小组讨论中或者在线平台上进行。在组织评价活动时，需要明确评价的时间、地点、方式和要求。评价方式可以采用问卷调查、小组讨论、个人陈述等形式。评价要求包括评价的客观性、公正性、准确性和及时性等。

3. **实施评价过程**

在实施评价过程中，评价者应该根据评价标准和评价指标，对被评价者进行客观公正的评价。评价者可以通过观察被评价者的课堂表现、作业完成情况、小组活动参与度等方面来进行评价。在评价过程中，评价者应该注意记录评价的依据和理由，以便被评价者能够了解自己的优点和不足。

4. **反馈评价结果**

评价结果应该及时反馈给被评价者。反馈的方式可以采用书面反馈、口头反馈或者在线反馈等形式。反馈的内容应该包括评价结果、评价依据和理由、改进建议等。通过反馈评价结果，被评价者可以了解自己的优点和不足，明确自己的努力方向，从而不断提高自己的综合素质。

总之，同学互评是高职生成长评价中的一种重要方式。通过制订合理的评价标准和组织有效的评价过程，可以充分发挥同学互评的作用，促进学生的全面发展。

四、同学互评中的问题与解决策略

在高职生的成长评价体系中，学生作为评价主体之一，同学互评具有重要意义。它不仅能够促进学生之间的相互学习和交流，还能培养学生的批判性思维和团队合作精神。然而，在实际操作中，同学互评也存在一些问题，需要我们采取相应的解决策略。

（一）同学互评中的问题

1. 主观偏见的存在

在同学互评中，主观偏见是一个常见的问题。由于学生之间的个人关系、兴趣爱好等因素的影响，评价结果可能会存在一定的主观性。例如，有些学生可能会因为与被评价者关系好而给予较高的评价，或者因为不喜欢被评价者而给予较低的评价。

2. 评价标准不统一

不同的学生对评价标准的理解可能存在差异，导致评价结果的不一致性。例如，有些学生可能认为学习成绩是最重要的评价标准，而有些学生则认为实践能力更为重要。这种评价标准的不统一会影响评价结果的公正性和客观性。

3. 评价结果的反馈与应用不充分

在同学互评中，评价结果的反馈与应用往往不够充分。有些学生可能只是简单地看了一下评价结果，而没有对自己的不足之处进行深入反思和改进。同时，教师也可能没有充分利用评价结果来调整教学内容和方法，提高教学质量。

（二）解决策略

1. 主观偏见的避免

培训评价者。在进行同学互评之前，教师可以对学生进行评价培训，让学生了解评价的目的、标准和方法，提高学生的评价能力和公正性。培训内容可以包括如何客观地观察和评价他人、如何避免主观偏见等方面。

建立匿名评价机制。为了避免学生之间的个人关系对评价结果的影响，教师可以建立匿名评价机制。在匿名评价中，学生不知道被评价者是谁，只能根据被评价者的表现进行评价，从而减少主观偏见的影响。

多角度评价。教师可以引导学生从多个角度对被评价者进行评价，例如，学习态度、学习能力、实践能力、团队合作精神等方面。这样可以使评价结果更加全面和客观，减少主观偏见的影响。

2. 统一评价标准

明确评价指标。教师可以根据教学目标和学生的实际情况，明确评价指标和权重，让学生清楚地知道评价的标准和要求。评价指标可以包括学习成绩、实践能力、团队合作精神、创新能力等方面。

制订评价量表。教师可以制订评价量表，让学生根据评价量表进行评价。评价量表可以包括评价指标、评价等级、评价标准等内容，让学生能够更加客观地进行评价。

小组讨论评价。教师可以组织学生进行小组讨论评价，让学生在小组中共同讨论评价标准和方法，提高评价结果的一致性和公正性。在小组讨论中，学生可以相互交流和学习，提高自己的评价能力。

（三）评价结果的反馈与应用

1. 及时反馈评价结果

教师应该及时反馈评价结果给学生，让学生能够了解自己的优点和不足之处。反馈方式可以包括书面反馈、口头反馈、在线反馈等方面。在反馈评价结果时，教师应该注重评价结果的客观性和具体性，让学生能够清楚地知道自己的问题所在。

2. 引导学生进行反思和改进

教师应该引导学生对评价结果进行反思和改进，让学生能够认识到自己的不足之处，并采取相应的措施进行改进。教师可以组织学生进行小组讨论或者个人反思，让学生在反思中提高自己的学习能力和综合素质。

3. 应用评价结果改进教学

教师应该充分应用评价结果来改进教学内容和方法，提高教学质量。教师可以根据评价结果调整教学计划、教学方法、教学内容等方面，让教学更加符合学生的实际需求和发展要求。

总之，在高职生的成长评价中，同学互评是一种重要的评价方式。我们应该充分认识到同学互评中存在的问题，并采取相应的解决策略，提高评价结果的公正性和客观性，促进学生的全面发展。

第四节　企业与社会的评价参与

一、企业对高职生的评价需求与标准

在高职生的成长评价体系中，企业与社会作为重要的参与主体，发挥着不可或缺的作用。企业对于高职生的评价需求与标准，既反映了市场对人才的实际要求，也为高职教育的发展提供了重要的导向。

（一）职业技能与实践经验的要求

1. 专业技能的掌握

企业首先关注高职生在所学专业领域内的技能掌握程度。这包括对专业理论知识的理解和运用，以及实际操作能力的熟练程度。例如，在工程技术领域，企业期望高职生能够熟练掌握绘图软件、具备工程测量和施工管理的能力；在信息技术领域，企业则要求高职生掌握编程语言、数据库管理和软件开发的技能。

2. 实践经验的积累

企业非常重视高职生的实践经验。具有丰富实践经验的学生往往能够更快地适应工作岗位，减少企业的培训成本。企业希望高职生在学习期间能够通过实习、实训、项目参与等方式积累实际工作经验。例如，在制造业企业中，有过工厂实习经历的高职生会更受青睐；在服务业企业中，有过客户服务实践经验的学生更容易被录用。

3. 问题解决能力

在实际工作中，会遇到各种各样的问题，企业需要高职生具备解决问题的能力。这包括分析问题的能力、提出解决方案的能力以及实施解决方案的能力。例如，在生产线上出现故障时，高职生能够迅速找出问题所在，并提出有效的解决方案，恢复生产。

（二）职业道德与职业素养的考量

1. 责任心与敬业精神

企业高度重视高职生的责任心和敬业精神。责任心强的学生能够认真对待工作任务，确保工作质量；敬业精神高的学生对工作充满热情，愿意为了工作付出努力。例如，在项目团队中，有责任心和敬业精神的高职生会主动承担工作任务，按时完成工作，为团队的成功贡献自己的力量。

2. **团队合作能力**

现代企业大多采用团队合作的工作方式，因此企业对高职生的团队合作能力有很高的要求。团队合作能力包括沟通能力、协调能力、合作意识等方面。例如，在团队项目中，高职生能够与团队成员有效地沟通，协调各方利益，共同完成项目任务。

3. **创新意识与学习能力**

随着市场的快速变化和技术的不断更新，企业需要高职生具备创新意识和学习能力。创新意识强的学生能够为企业带来新的思路和方法，提高企业的竞争力；学习能力强的学生能够快速掌握新知识、新技能，适应企业的发展需求。例如，在科技企业中，有创新意识和学习能力的高职生会更受重视。

（三）企业与社会评价主体的优势分析

企业与社会作为评价主体具有多方面的优势。首先，企业直接面对市场需求，其评价标准更贴近实际工作场景，能够准确反映高职生在职业技能和素养方面是否符合市场要求。这有助于高职生明确自身的职业定位和发展方向，更好地为未来的职业生涯做准备。

其次，企业的评价具有较强的客观性和实用性。企业以经济效益和工作成果为导向，对高职生的评价基于实际工作表现和业绩，避免了单纯理论考试可能带来的片面性。这种评价方式能够促使高职生更加注重实践能力和综合素质的提升。

再次，社会评价主体的参与可以为高职生提供更广阔的视角。社会各界包括行业协会、社会组织等能够从不同角度对高职生进行评价，如社会责任感、公益活动参与度等。这有助于培养高职生的社会意识和公民素养，使其成为全面发展的人才。

总之，企业与社会作为高职生成长评价的参与主体之一，其对高职生的评价需求与标准主要包括职业技能与实践经验的要求，以及职业道德与职业素养的考量。企业与社会评价主体的优势在于其贴近市场、客观实用以及提供广阔视角。高职教育应紧密结合企业与社会的需求，培养出具有扎实专业技能、丰富实践经验、良好职业道德和职业素养的高素质人才，为社会经济的发展做出贡献。

二、社会评价的渠道与方式

在高职生的成长评价体系中，企业与社会作为重要的参与主体，发挥着独特而关键的作用。其中，社会评价通过多种渠道与方式，为高职生的成长提供了全面而客观的反馈。

（一）行业协会的评价作用

1. 制定专业标准

行业协会通常对所属行业的专业标准有着深入的了解和把握。他们可以根据行业发展的需求，制定高职生在专业知识、技能和素养方面的评价标准。这些标准既具有权威性，又紧密贴合实际工作需求，为高职生的学习和成长提供了明确的方向。例如，在机械制造行业协会，会针对高职生的机械设计、加工工艺、质量控制等方面制定详细的标准，引导高职院校在教学中注重培养学生的实际操作能力和问题解决能力。

2. 组织技能竞赛

行业协会经常组织各类技能竞赛，这是对高职生专业技能的一种重要评价方式。通过竞赛，高职生可以展示自己的专业水平，与同行进行交流和切磋。同时，竞赛的结果也为企业和社会提供了一个直观的参考，帮助他们了解高职生的技能水平和创新能力。比如，电子信息行业协会举办的电子设计大赛，吸引了众多高职生参与，获奖学生往往受到企业的高度关注和青睐。

3. **提供实习与就业机会**

行业协会与企业有着密切的联系，可以为高职生提供丰富的实习与就业机会。在实习过程中，企业会根据学生的表现进行评价，这些评价反馈给学校和行业协会，有助于进一步改进高职教育的教学内容和方法。此外，行业协会还可以通过推荐优秀学生就业，为高职生的职业发展搭建桥梁。

（二）社会舆论对高职生成长的影响

1. **树立正确价值观**

社会舆论可以引导高职生树立正确的价值观。在当今社会，对技能人才的尊重和认可越来越高，通过媒体宣传、典型案例报道等方式，高职生可以认识到自己的价值和潜力，增强他们的自信心和职业自豪感。同时，社会舆论也可以倡导勤奋学习、勇于创新、诚实守信等良好品质，为高职生的成长营造积极向上的氛围。

2. **影响职业选择**

社会舆论对不同职业的评价和关注度会影响高职生的职业选择。当某些行业受到社会广泛关注和赞誉时，会吸引更多的高职生选择相关专业和职业。例如，近年来随着新能源汽车行业的快速发展，社会舆论对该行业的前景普遍看好，这使得一些高职生更倾向于选择汽车制造与维修、新能源技术等专业。

3. **促进教育改革**

社会舆论对高职教育的关注和评价也可以推动教育改革。如果社会舆论对高职生的综合素质提出更高的要求，那么高职院校就会更加注重教学质量的提升、课程设置的优化和实践教学的加强。同时，社会舆论也可以监督高职教育的公平性和规范性，促使教育部门和学校不断完善教育管理体系。

总之，在高职生成长评价中，企业与社会作为重要的参与主体，通过行业协会的评价作用和社会舆论的影响等渠道与方式，为高职生的成长提供了多元化的评价和反馈。这有助于高职生更好地了解自己的优势和不足，明确自己的发展方向，同时也推动了高职教育的不断改革和发展。

三、企业与社会评价的整合与应用

在高职生的成长评价体系中，企业与社会作为重要的评价参与主体，其评价具有独特的价值和意义。企业与社会的评价不仅能够为高职生的成长提供客观的反馈，还能在教学改革和学生职业发展中发挥重要作用。

（一）评价结果在教学改革中的反馈

1. 课程设置的优化

企业与社会对高职生的评价结果可以为学校提供关于课程设置的重要反馈。通过了解企业对学生专业技能和知识的需求，学校可以调整课程内容，使其更加贴近实际工作需求。例如，如果企业反馈学生在某一领域的实践能力不足，学校可以增加相关的实践课程或实习环节，提高学生的实际操作能力。

2. 教学方法的改进

企业与社会的评价也可以促使学校改进教学方法。企业通常更注重学生的实际应用能力和解决问题的能力，因此学校可以借鉴企业的培训方法，采用项目式教学、案例教学等方式，提高学生的学习积极性和主动性。同时，学校还可以邀请企业专家来校授课或举办讲座，让学生了解行业的最新动态和实际需求。

3. 师资队伍的建设

企业与社会的评价还可以为学校的师资队伍建设提供方向。学校可以根据企业的反馈，选派教师到企业进行实践锻炼，提高教师的实践教学能力。同时，学校还可以聘请企业的技术骨干和专家担任兼职教师，为学生传授实际工作经验和技能。

（二）对学生职业发展的指导意义

1. 明确职业目标

企业与社会的评价可以帮助高职生明确自己的职业目标。通过了解企业对人才的需求和评价标准，学生可以更加清楚地认识到自己的优势和不足，从而有针对性地进行学习和提高。同时，学生还可以根据企业的评价结果，选择适合自己的职业方向，制订合理的职业发展规划。

2. 提高就业竞争力

企业与社会的评价对学生的就业竞争力有着重要的影响。企业在招聘时通常会参考学生的实习表现、项目经验等方面的评价结果，因此学生在实习和实践过程中要积极表现，争取获得企业的好评。此外，学生还可以通过参加企业组织的技能竞赛、培训等活动，提高自己的专业技能和综合素质，增强自己的就业竞争力。

3. 促进职业发展

企业与社会的评价还可以为学生的职业发展提供持续的指导。学生在进入职场后，可以根据企业的反馈，不断调整自己的工作态度和方法，提高自己的工作绩效。同时，学生还可以通过与企业的合作和交流，了解行业的发展趋势和技术创新，为自己的职业发展寻找新的机遇。

（三）对学生评价结果的反馈和建议

对于在企业与社会评价中表现优秀的学生，要给予充分的肯定和鼓励，激发他们继续努力。同时，可以为他们提供更多的发展机会，如推荐参加更高层次的技能竞赛、参与企业的重要项目等。对于表现一般的学生，要指出他们的不足之处，并提供具体的改进建议和方法。例如，如果学生在团队协作方面存在问题，可以建议他们参加团队建设活动，提高沟通和协作能力。对于表现较差的学生，要给予关心和支持，帮助他们分析问题的根源，制订个性化的学习和发展计划。同时，可以为他们提供额外的辅导和培训，帮助他们尽快提高自己的能力和水平。

总之，企业与社会作为高职生成长评价的重要参与主体，其评价结果在教学改革和学生职业发展中具有重要的整合与应用价值。学校和学生应该充分重视企业与社会的评价，积极利用评价结果进行教学改革和职业发展规划，提高高职生的培养质量和就业竞争力。

第四章

高职院校大学生成长评价的内容与指标体系

高职生成长评价的内容与指标体系是否全面、科学、合理，直接决定着是否能够客观地反映学生的成长状况和发展潜力。高职生成长评价的内容主要包括学业成绩评价、综合素质评价和职业素养评价。通过建立完善的评价体系，学校可以更好地了解学生的需求和问题，为学生提供个性化的教育和指导，促进高职生的全面成长和发展。

第一节　学业成绩评价

一、理论课程学习成果评价

在高职生成长评价的内容与指标体系中，学业成绩评价无疑是关键组成部分，而理论课程学习成果评价更是其中的重要环节。

（一）考试成绩的分析与解读

1. 成绩分布的审视

考试成绩的分布状况能够直观地反映学生对理论课程的整体掌握程度。若成绩呈现正态分布，表明教学效果较为理想，大部分学生处于中等水平，同时有部分优秀和较差的学生分布在两端。这种分布说明教学内容和难度设置相对合理，能够区分不同学生的学习水平。然而，如果成绩呈现偏态分布，如正偏态（高分段人数较多）或负偏态（低分段人数较多），则需要深入分析原因。可能是教学内容难度过低或过高，教学方法不适应学生需求，或者考核方式存在问题。

2. 个体成绩的剖析

对于每个学生的考试成绩，不能仅仅停留在数字层面，而要深入分析其背后的意义。如果一个学生在某门理论课程中成绩较低，需要结合其平时表现、学习态度、课堂参与度等方面进行综合判断。也许是该学生在学习过程中存在学习方法不当、学习动力不足等问题，也有可能是因为特殊情况影响了学习效果。而对于成绩优秀的学生，可以进一步挖掘其学习经验和方法，为其他同学提供借鉴和榜样。

3. 与教学目标的对比

将学生的考试成绩与理论课程的教学目标进行对比，是评价学习成果的重要环节。教学目标通常包括知识掌握、能力培养和素质提升等方面。通过分析学生成绩在各个教学目标维度上的表现，可以了解教学目标的达成情况。如果学生在某些教学目标上的成绩普遍不理想，说明教学过程中存在薄弱环节，需要及时调整教学内容和方法，以更好地实现教学目标。

4. 动态变化的关注

考试成绩不是一成不变的，对学生在不同阶段的考试成绩进行动态分析，可以了解学生的学习进步情况。如果一个学生的成绩在一段时间内持续提高，说明其学习方法有效，学习态度积极；反之，如果成绩出现下滑，则需要及时关注并找出原因，给予相应的帮助和指导。

（二）作业与论文的质量评价

1. 作业的规范性与准确性

作业是检验学生对理论课程知识掌握程度的重要方式之一。评价作业的质量首先要看其规范性，包括书写工整、格式规范、答题步骤完整等。同时，作业的准确性也是关键，即学生对问题的回答是否正确、合理。对于错误的作业，要分析其错误原因，是对知识点理解有误还是解题方法不当。

2. 作业的创新性与深度

除了规范性和准确性，作业的创新性和深度也应作为评价的重要方面。具有创新性的作业能够体现学生的独立思考能力和创新思维，而有深度的作业则反映学生对理论知识的深入理解和分析能力。例如，在一些开放性作业中，学生能够提出独特的观点和解决方案，或者对问题进行深入的分析和探讨。

3. 作业质量评价标准

（1）准确性

①答案正确：对问题的回答准确无误，符合课程所授知识和要求。

②计算精确：如果涉及计算，结果应准确，过程要清晰合理。

③概念理解准确：对涉及的专业概念有正确的理解和运用。

（2）规范性

①书写工整：字迹清晰、易于辨认、排版整齐。

②格式规范：按照规定的作业格式要求，如标题、题号、段落分隔等。

③步骤完整：解题或回答问题的步骤完整，逻辑清晰。

（3）创新性

①独特见解：在完成作业过程中，能够提出独特的观点、方法或解决方案。

②思维拓展：不局限于课本知识，能对问题进行拓展思考和分析。

（4）完成度

①内容完整：涵盖作业要求的所有内容，没有遗漏重要部分。

②按时提交：在规定的时间内完成并提交作业。

4. 论文的选题与价值

对于要求撰写论文的理论课程，论文的选题至关重要。一个好的选题应具有一定的现实意义和研究价值，能够反映学生对理论知识的应用和拓展能力。

同时，选题要符合课程的教学要求和学生的实际水平，避免过于宽泛或过于狭窄。

5. 论文的结构与逻辑

论文的结构和逻辑是评价其质量的重要标准。一篇优秀的论文应具有清晰的结构，包括引言、正文、结论等部分，各部分之间过渡自然、逻辑严密。正文部分要围绕选题展开深入的分析和论证，观点明确、论据充分。

6. 论文的语言表达与参考文献

论文的语言表达要准确、流畅、简洁，避免出现语法错误和错别字。同时，参考文献的引用要规范、恰当，能够体现学生对已有研究成果的了解和借鉴。

论文的质量评价可以从以下几个方面制订标准。

7. 论文质量评价标准

（1）选题价值

①现实意义：选题具有一定的现实针对性，能够解决实际问题或对现实有启示作用。

②学术价值：在学术领域有一定的研究价值，能够为学科发展做出贡献。

（2）结构合理性

①逻辑清晰：论文结构严谨，层次分明，各部分之间逻辑关系紧密。

②章节完整：包括引言、正文、结论等必要部分，且每个部分内容充实。

（3）内容深度

①分析深入：对研究问题进行深入分析，不流于表面。

②论据充分：引用的论据准确、可靠，能够有力地支持论点。

③方法科学：采用科学合理的研究方法进行论证和分析。

（4）语言表达

①准确流畅：语言表达准确、通顺，没有语法错误和错别字。

②专业规范：使用专业术语恰当，符合学术论文的语言要求。

（5）参考文献

①引用规范：参考文献的引用符合学术规范，标注准确。

②质量较高：引用的文献具有一定的权威性和学术价值。

总之，在高职生成长评价的内容与指标体系中，学业成绩评价的理论课程学习成果评价包括考试成绩的分析与解读以及作业与论文的质量评价。通过对这些方面的综合评价，可以全面、客观地了解学生在理论课程学习中的表现和进步，为学生的成长和发展提供有力的支持和指导。

二、实践课程学习成果评价

在高职生成长评价的内容与指标体系中，学业成绩评价占据着重要地位，而实践课程学习成果评价更是其中不可或缺的关键部分。

（一）实验报告与实习总结的评价

1. 实验报告的评价

①实验目的的明确性：实验报告应清晰阐述实验的目的和意义，让读者能够快速了解实验的背景和预期结果。

②实验方法的准确性：详细描述实验所采用的方法、步骤和仪器设备，确保实验过程可重复和可验证。

③数据记录的完整性：准确记录实验过程中产生的数据，包括原始数据和处理后的数据，数据应具有真实性和可靠性。

④结果分析的深入性：对实验结果进行深入分析，探讨实验结果与预期目的的符合程度，分析实验中出现的问题及原因。

⑤结论总结的客观性：根据实验结果得出客观的结论，结论应具有一定的科学性和实用性。

⑥报告撰写的规范性：实验报告的格式应规范，包括标题、摘要、关键

词、引言、实验方法、结果分析、结论、参考文献等部分，语言表达应准确、简洁、流畅。

2. 实习总结的评价

①实习目的的达成度：实习总结应明确阐述实习的目的和任务，以及在实习过程中是否达成了这些目的和任务。

②实习内容的丰富性：详细描述实习的工作内容和过程，包括所从事的岗位、工作任务、工作流程等，实习内容应具有一定的多样性和挑战性。

③实践技能的提升度：分析在实习过程中所获得的实践技能和经验，包括专业技能、沟通能力、团队协作能力等方面的提升情况。

④问题解决能力：总结在实习过程中遇到的问题及解决方法，体现学生的问题解决能力和创新思维。

⑤职业素养表现：评价学生在实习过程中的职业素养表现，如职业道德、工作态度、责任心等方面。

⑥总结撰写质量：实习总结的格式应规范，内容应充实、有条理，语言表达应准确、清晰、流畅。

（二）项目实践与技能竞赛的成绩评定

1. 项目实践的成绩评定

①项目选题的合理性：项目选题应具有一定的现实意义和应用价值，符合专业培养目标和课程要求。

②项目方案的可行性：项目方案应具有可行性，包括技术路线、实施步骤、时间安排等方面，能够确保项目的顺利实施。

③团队协作能力：项目实践通常以团队形式进行，评价学生在团队中的协作能力，包括沟通协调、分工合作、任务完成情况等方面。

④创新能力：鼓励学生在项目实践中发挥创新思维，提出新的想法和方法，评价学生的创新能力和实践能力。

⑤项目成果质量：项目成果应具有一定的质量和水平，包括项目的完成度、功能实现情况、技术难度等方面。

⑥项目报告撰写：项目报告应详细阐述项目的背景、目的、方案、实施过程、成果及总结等内容，格式规范，语言表达准确、简洁、流畅。

2. 技能竞赛的成绩评定

①竞赛规则遵守度：学生应严格遵守技能竞赛的规则和要求，如有违规行为将被扣除相应分数。

②技能水平表现：评价学生在技能竞赛中所展示的专业技能水平，包括操作熟练程度、精度控制、时间管理等方面。

③问题解决能力：在技能竞赛过程中，可能会遇到各种问题，应评价学生的问题解决能力和应变能力。

④创新能力：鼓励学生在技能竞赛中发挥创新思维，采用新的技术和方法，提高竞赛成绩。

⑤团队协作能力（若有团队竞赛）：对于团队竞赛项目，评价学生在团队中的协作能力和团队精神。

⑥竞赛成绩排名：根据学生在技能竞赛中的表现，按照竞赛成绩进行排名，确定最终的成绩评定结果。

总之，在高职生成长评价的内容与指标体系中，实践课程学习成果评价是重要的组成部分。通过对实验报告与实习总结的评价以及项目实践与技能竞赛的成绩评定，可以全面、客观地评价学生的实践能力和综合素质，为学生的成长和发展提供有力的支持和指导。

三、学业成绩评价的综合考量

在高职生成长评价的内容与指标体系中，学业成绩评价始终占据着重要地位。其中，课程难度与学分权重的调整以及学业进步幅度的评价是两个关键方面。

（一）课程难度与学分权重的调整

1. 课程难度的调整

课程难度的合理设置对于高职生的学业发展至关重要。一方面，课程难度过低可能无法激发学生的学习动力和挑战精神，导致学生在知识和技能的获取上过于轻松，难以真正提升自身能力。另一方面，课程难度过高则可能使学生产生挫败感，降低学习积极性，甚至影响学生的学习信心。

因此，学校应根据专业特点、学生实际水平以及社会需求等因素，科学合理地调整课程难度。对于基础课程，可以适当降低难度，确保学生能够扎实掌握基础知识，为后续专业课程的学习打下坚实的基础。而对于专业核心课程，则应根据行业发展动态和职业岗位要求，合理提高课程难度，培养学生的专业技能和创新能力。

2. 学分权重的调整

学分权重的调整也是学业成绩评价的重要环节。学分权重应反映课程的重要程度和难度水平。对于重要的专业核心课程和难度较大的课程，应给予较高的学分权重，以激励学生更加重视这些课程的学习。同时，对于选修课程和拓展课程，可以根据学生的兴趣和需求，适当调整学分权重，鼓励学生拓宽知识面，培养综合素质。

例如，在工程技术类专业中，专业核心课程如机械设计、电路原理等可以设置较高的学分权重，而一些选修课程如艺术欣赏、心理健康等可以设置较低的学分权重。这样既可以保证学生在专业领域的深入学习，又可以满足学生的个性化发展需求。

3. 课程难度与学分权重的调整原则

（1）与专业培养目标相契合原则

①突出专业核心能力：课程难度和学分权重的调整应紧密围绕专业培养目标进行。对于那些直接培养专业核心能力的课程，应适当提高课程难度和学分权重。例如，在机械制造专业中，机械设计、数控加工技术等课程是培养学生专业核心能

力的关键课程，这些课程的难度应设置得较高，以确保学生能够深入掌握专业知识和技能。同时，给予较高的学分权重可以促使学生更加重视这些课程的学习。

②满足职业发展需求：考虑到学生未来的职业发展，课程难度和学分权重的调整还应与职业岗位的要求相匹配。对于那些与职业岗位技能紧密相关的课程，应根据岗位需求合理调整难度和学分权重。例如，在酒店管理专业中，前厅服务与管理、客房服务与管理等课程对于学生未来从事酒店行业的工作至关重要，这些课程的难度和学分权重应根据酒店行业的实际需求进行调整，以确保学生能够具备胜任职业岗位的能力。

（2）与学生实际水平相适应原则

①考虑学生基础差异：高职学生的学习基础和能力水平存在一定的差异。在调整课程难度和学分权重时，要充分考虑学生的实际情况，避免难度过高或过低。对于基础较弱的学生，可以适当降低课程难度，逐步引导他们提高学习能力；对于基础较好的学生，可以增加课程的挑战性，激发他们的学习潜力。例如，在英语课程的设置中，可以根据学生的英语水平进行分层教学，为不同层次的学生设置不同难度的课程，并给予相应的学分权重。

②关注学生学习进度：学生在学习过程中的进度也是调整课程难度和学分权重的重要参考因素。随着学生学习的不断深入，他们的知识储备和能力水平会逐渐提高。因此，在课程进行过程中，应根据学生的学习进度适时调整课程难度和学分权重。例如，在计算机编程课程中，初期可以设置一些基础的编程任务，难度较低，学分权重也相对较小；随着学生掌握了一定的编程技能后，可以逐渐增加任务的难度和复杂性，同时提高学分权重，以激励学生不断挑战自我。

（3）教学资源合理配置原则

①师资力量匹配：课程难度和学分权重的调整要考虑学校的师资力量。如果一门课程的难度较高，需要有具备丰富教学经验和专业知识的教师来授课。因此，在调整课程难度和学分权重时，要确保有足够的师资力量来支持教学工

作。例如，对于一些专业性较强、难度较大的课程，学校可以安排具有高级职称或丰富实践经验的教师担任授课教师，以保证教学质量。

②教学设施保障：教学设施也是影响课程难度和学分权重调整的重要因素。一些实践课程需要特定的教学设施和实验设备才能进行，如果学校的教学设施无法满足课程的要求，就不宜设置过高的课程难度和学分权重。例如，在电子技术实验课程中，如果学校缺乏先进的实验设备，就难以开展高难度的实验项目，此时应适当降低课程难度和学分权重，或者通过与企业合作等方式，改善教学设施条件，提高课程的教学质量。

（4）动态调整与反馈原则

①定期评估与调整：课程难度和学分权重不是一成不变的，应根据教学实际情况进行定期评估和调整。学校可以通过学生的学习成绩、教师的教学反馈、企业的用人需求等多方面的信息，对课程难度和学分权重进行动态调整。例如，每学期结束后，学校可以组织教师对课程的教学效果进行评估，根据评估结果对课程难度和学分权重进行适当调整，以不断优化教学内容和教学方法。

②重视学生反馈：学生是课程的直接参与者，他们的反馈对于课程难度和学分权重的调整具有重要参考价值。学校应建立畅通的学生反馈渠道，鼓励学生对课程难度和学分权重提出意见和建议。例如，可以通过问卷调查、座谈会等形式，了解学生对课程的感受和需求，及时调整课程难度和学分权重，以提高学生的学习满意度和学习效果。

（二）学业进步幅度的评价

学业进步幅度是衡量高职生成长的重要指标之一。它不仅能够反映学生在学习过程中的努力程度和学习效果，还能为教师提供有价值的教学反馈，帮助教师调整教学策略，更好地满足学生的学习需求。

评价学业进步幅度可以从多个方面进行。首先，可以对比学生在不同学期的学业成绩。如果学生的成绩呈现逐步上升的趋势，说明学生在学习上取得了进步。例如，通过分析学生在各学科的期末考试成绩、平时作业成绩以及实践课程成绩等，可以了解学生在知识掌握、技能提升和综合素质方面的进步情况。

其次，可以观察学生在学习态度、学习方法和学习习惯等方面的变化。一个积极进取的学习态度、科学合理的学习方法和良好的学习习惯往往能够促进学生的学业进步。例如，学生是否更加主动地参与课堂讨论、是否能够按时完成作业、是否善于总结归纳知识点等方面的变化都可以作为评价学业进步幅度的依据。

此外，还可以参考学生在课外活动、社会实践以及技能竞赛等方面的表现。这些活动不仅能够丰富学生的课余生活，还能培养学生的综合素质和实践能力。如果学生在这些方面取得了显著成绩，也可以视为学业进步的表现。

例如，一名高职生在大一时期学习成绩一般，学习态度也不够积极主动。但在大二期间，通过自身的努力和教师的指导，该生的学习成绩有了明显提高，并且在学习方法上也有了很大改进，更加注重理论与实践的结合。同时，该生还积极参加各种技能竞赛和社会实践活动，获得了不少奖项和荣誉。这种情况下，就可以认为该生在学业上取得了较大幅度的进步。

总之，在高职生成长评价的内容与指标体系中，课程难度与学分权重的调整以及学业进步幅度的评价是不可或缺的重要组成部分。通过科学合理地调整课程难度和学分权重，以及全面客观地评价学生的学业进步幅度，可以更好地促进高职生的学业发展和个人成长，为社会培养出更多高素质的技术技能人才。

第二节　综合素质评价

一、思想品德与价值观评价

在高职生成长评价的内容与指标体系中，综合素质评价起着至关重要的作用，其中思想品德与价值观评价更是不可或缺的关键部分。

（一）思想政治教育的成效评价

1. 课程学习效果

思想政治理论课程是高职生思想政治教育的主渠道。通过对学生在思想政治理论课中的学习表现、考试成绩等进行评价，可以了解学生对马克思主义基本原理、中国特色社会主义理论体系等知识的掌握程度。例如，观察学生在课堂上的参与度、发言质量，以及作业和考试中对理论知识的理解和运用能力。

2. 实践活动参与

思想政治教育不仅仅局限于课堂教学，还包括丰富的实践活动。评价学生在社会实践、志愿服务、主题教育活动等中的表现，可以衡量思想政治教育在实践中的成效。例如，学生参与社区服务时的积极性、责任感，以及在活动中展现出的团队合作精神和奉献精神。

3. 日常行为表现

学生的日常行为是思想政治教育成效的重要体现。观察学生在校园生活中的言行举止、遵守校规校纪情况、与他人的交往方式等，可以判断学生是否将思想政治教育的内容内化为自身的行为准则。例如，是否诚实守信、尊重他人、关心集体，是否具有良好的道德品质和文明素养。

（二）社会责任感与公民意识的考量

1. 关注社会问题

评价学生对社会热点问题、公共事务的关注程度。具有社会责任感的学生应该关心国家大事、社会动态，积极思考并参与讨论社会问题。例如，可以通过学生在课堂讨论、社团活动、网络平台上对社会问题的发言和观点，了解他们的社会关注度和思考深度。

2. 参与公益活动

参与公益活动是培养社会责任感和公民意识的重要途径。评价学生参与志愿服务、慈善捐赠、环保行动等公益活动的情况，包括参与的频率、活动的质量和影响力。例如，学生在敬老院志愿服务中表现出的爱心和耐心，在环保活动中的积极行动和宣传效果。

3. 团队合作与奉献精神

在团队合作中，学生能够学会关心他人、尊重他人的意见，为共同的目标而努力奋斗。评价学生在班级活动、社团组织、项目团队中的表现，考量他们的团队合作能力和奉献精神。例如，在班级活动中主动承担任务、为团队出谋划策，在项目团队中积极配合、发挥自己的优势，为实现团队目标做出贡献。

4. 法律意识与规则遵守

具有良好公民意识的学生应该具备较强的法律意识，自觉遵守法律法规和社会公德。评价学生对法律知识的了解程度、遵守校规校纪和社会规则的情况。例如，是否遵守交通规则、爱护公共设施、维护校园秩序，是否能够运用法律知识维护自己和他人的合法权益。

总之，在高职生成长评价中，思想品德与价值观评价是综合素质评价的重要内容。通过对思想政治教育的成效评价和社会责任感与公民意识的考量，可以全面了解学生的思想品德和价值观状况，为培养德智体美劳全面发展的高素质技术技能人才提供有力支持。

二、沟通与合作能力评价

在高职生成长评价的内容与指标体系中，综合素质评价占据着重要地位，而其中沟通与合作能力评价更是不可或缺的关键部分。

（一）口头表达与书面沟通能力评价

1. 口头表达能力

（1）课堂发言表现　观察学生在课堂上的发言积极性、表达清晰度和逻辑性。一个具有良好口头表达能力的学生能够主动参与课堂讨论，清晰地阐述自己的观点，并且能够有条理地论证自己的观点。例如，在商务谈判课程中，学生能够准确地表达自己的立场和需求，同时能够理解对方的观点并进行有效的回应。

（2）演讲能力　通过演讲比赛、课堂演讲等活动，评价学生的演讲能力。包括演讲内容的组织、语言表达的流畅性、肢体语言的运用以及与听众的互动能力等方面。例如，在职业规划演讲中，学生能够生动地讲述自己的职业目标和发展计划，并且能够吸引听众的注意力，引起共鸣。

（3）日常交流能力　观察学生在日常生活中的交流表现，如与同学、老师、家长的交流。评价学生的语言文明程度、倾听能力、表达的准确性和亲和力等。例如，在与同学交流中，能够尊重他人的意见，善于倾听，并且能够用恰当的语言表达自己的想法。

2. 书面沟通能力

（1）作业与论文质量　评价学生在作业和论文中的文字表达能力、逻辑结构和语法正确性。一个具有良好书面沟通能力的学生能够用清晰、准确的语言表达自己的思想，并且能够合理地组织文章结构，方便读者理解。例如，在专业课程作业中，学生能够准确地回答问题，并且能够运用专业术语进行阐述，使作业具有一定的专业性和学术性。

（2）邮件与报告撰写　通过学生撰写的邮件、报告等文档，评价学生的书面沟通能力。包括邮件的格式规范、语言表达的简洁明了、报告的内容完整性和逻辑性等方面。例如，在实习报告中，学生能够详细地描述自己的实习经历和收获，并且能够提出合理的建议和改进措施，使报告具有一定的参考价值。

（3）文案创作能力　对于一些需要进行文案创作的专业，如广告设计、市场营销等，评价学生的文案创作能力。包括文案的创意性、语言的感染力、目标受众的针对性等方面。例如，在广告文案创作中，学生能够用新颖的创意和生动的语言吸引消费者的注意力，并且能够准确地传达产品的特点和优势。

（二）团队合作中的表现评价

1. 团队协作意识

（1）分工合作能力　观察学生在团队项目中的分工合作情况。评价学生是否能够根据团队成员的特长和优势进行合理的分工，并且能够积极主动地承担自己的任务。例如，在软件开发项目中，学生能够根据自己的专业技能进行分工，如前端开发、后端开发、数据库设计等，并且能够按时完成自己的任务，为团队项目的顺利进行做出贡献。

（2）沟通协调能力　评价学生在团队合作中的沟通协调能力。包括与团队成员的沟通频率、沟通方式、沟通效果等方面。一个具有良好沟通协调能力的学生能够及时与团队成员交流信息，解决问题，并且能够有效地协调团队成员之间的关系，提高团队的凝聚力。例如，在团队项目中，学生能够定期召开团队会议，汇报自己的工作进展，并且能够听取他人的意见和建议，及时调整自己的工作方向。

（3）团队精神　观察学生在团队合作中的团队精神表现。评价学生是否具有团队荣誉感、合作意识和奉献精神。一个具有良好团队精神的学生能够为了团队的利益而牺牲个人利益，并且能够积极主动地帮助团队成员解决问题，提高团队的整体实力。例如，在团队项目中，学生能够主动承担一些额外的工作任务，为团队项目的顺利进行提供支持。

2. 团队合作成果

（1）项目完成情况　评价学生所在团队的项目完成情况。包括项目的进度、质量、创新性等方面。一个具有良好团队合作能力的团队能够按时完成项目任务，并且能够保证项目的质量和创新性。例如，在科技创新项目中，学生所在的团队能够提出新颖的创意，并且能够将创意转化为实际的产品或服务，为社会做出贡献。

（2）团队成员评价　通过团队成员之间的相互评价，了解学生在团队合作中的表现。评价内容包括团队成员的工作态度、专业能力、沟通协调能力、团队精神等方面。例如，在团队项目结束后，团队成员可以对彼此进行评价，提出优点和不足之处，为今后的团队合作提供参考。

总之，在高职生成长评价的内容与指标体系中，沟通与合作能力评价是综合素质评价的重要组成部分。通过对口头表达与书面沟通能力以及团队合作中的表现进行评价，可以全面了解学生的沟通与合作能力水平，为学生的职业发展和个人成长提供有力的支持和指导。

三、创新与问题解决能力评价

在高职生成长评价的内容与指标体系中，综合素质评价至关重要，而其中创新与问题解决能力评价更是凸显了学生未来发展的关键素养。

（一）创新思维与创造力的评价指标

1. 独特见解与想法

观察学生在学习和实践过程中是否能够提出独特的见解和新颖的想法。例如，在课堂讨论中，学生是否敢于挑战传统观点，提出与众不同的思考角度；在项目设计中，是否能构思出具有创新性的方案，突破常规的思维模式。

2. 创意表达能力

评价学生将创新想法转化为实际表达的能力。这可以体现在艺术创作、设计作品、文案撰写等方面。比如，在平面设计课程中，学生能否运用独特的色彩搭配、图形组合来展现创意；在文学创作中，能否以新颖的叙事方式和生动的语言表达创新观点。

3. 敢于尝试新事物

考量学生是否具有勇于尝试新方法、新技术、新领域的胆量和勇气。在实践活动中，学生是否愿意探索未知领域，尝试使用新的工具和材料；在专业学习中，是否积极参与新的课程和项目，拓展自己的知识和技能边界。

4. 创新成果与贡献

评估学生的创新成果对个人、团队、学校乃至社会的贡献程度。这可以包括科技创新成果、文化创意作品、社会服务创新模式等。例如，学生研发的新型软件应用、设计的环保产品、提出的社区服务创新方案等，都可以作为衡量创新成果与贡献的重要指标。

（二）问题解决过程与方法的评价

1. 问题识别能力

观察学生能否准确地识别问题的本质和关键所在。在面对复杂的实际问题时，学生是否能够迅速分析问题的背景、影响因素和潜在挑战，明确问题的核心要点。例如，在工程技术问题中，学生能否准确判断故障的根源；在社会问题中，能否深入剖析问题产生的深层次原因。

2. 解决方案的制订

评价学生制订问题解决方案的能力。这包括方案的合理性、可行性和创新性。学生是否能够综合运用所学知识和技能，提出多种解决方案，并进行比较和评估；是否能够考虑到实际情况的限制和约束，制订出切实可行的方案；是否能够在方案中融入创新元素，提高解决问题的效率和质量。

3. 实施过程与调整

考量学生在实施问题解决方案过程中的表现。包括执行方案的能力、应对突发情况的能力以及根据实际情况进行调整的能力。学生是否能够按照计划有序地推进方案的实施，遇到困难和挫折时是否能够坚持不懈；当实际情况发生变化时，是否能够及时调整方案，确保问题得到有效解决。

4. **反思与总结**

评价学生在问题解决后进行反思和总结的能力。学生是否能够对问题解决的过程进行回顾和分析，总结经验教训，提出改进措施；是否能够将问题解决的方法和经验应用到其他类似问题中，提高自己的问题解决能力和综合素质。

总之，在高职生成长评价的内容与指标体系中，创新与问题解决能力评价具有重要意义。通过对创新思维与创造力的评价指标以及问题解决过程与方法的评价，可以全面了解学生的创新与问题解决能力，为学生的未来发展提供有力的支持和引导。

四、自我管理与学习能力评价

在高职生成长评价的内容与指标体系中，综合素质评价占据着重要地位，而其中自我管理与学习能力评价更是关乎学生未来发展的关键要素。

（一）自我管理与学习能力评价的目的

自我管理与学习能力评价的目的主要有以下几个方面。

1. **促进学生个人成长**

（1）增强自我认知　通过评价，学生可以更清楚地了解自己在时间管理、自律以及自主学习等方面的优势和不足。这有助于他们认识自己的学习风格、习惯和能力水平，从而有针对性地进行自我调整和改进。

（2）培养良好习惯　评价过程可以促使学生反思自己的行为，引导他们养成良好的时间管理习惯和自律能力。例如，学会合理安排学习时间、避免拖延、遵守纪律等。同时，也能激发他们的自主学习意识，培养主动探索知识的习惯。

（3）提升综合素质　自我管理与学习能力是综合素质的重要组成部分。通过评价和不断改进，学生可以提高自己的组织能力、计划能力、自我约束能力和学习能力，从而全面提升个人综合素质，为未来的学习、工作和生活奠定坚实的基础。

2. **优化教学与教育管理**

（1）反馈教学效果　评价结果可以为教师提供关于教学效果的重要反馈。教师可以了解学生在自我管理和学习能力方面的表现，从而调整教学方法和策略，更好地满足学生的需求。例如，如果发现学生在时间管理方面存在困难，教师可以在课堂上进行时间管理技巧的指导。

（2）改进教育管理　学校管理者可以根据学生的自我管理与学习能力评价结果，制订更有效的教育管理措施。例如，优化课程设置，提供更多的自主学习资源和机会；加强学生管理，引导学生养成良好的学习习惯和行为规范。

（3）提高教育质量　通过对学生自我管理与学习能力的评价和培养，可以提高整体教育质量。学生具备良好的自我管理和学习能力，能够更加积极主动地参与学习，提高学习效果，从而提升学校的教育教学水平。

3. **为社会培养高素质人才**

（1）适应社会需求　在当今快速发展的社会中，具备自我管理和学习能力的人才更受青睐。通过评价和培养学生的这些能力，可以使他们更好地适应社会的变化和发展，满足社会对高素质人才的需求。

（2）增强职业竞争力　良好的自我管理与学习能力可以帮助学生在未来的职业生涯中更好地应对各种挑战，提升职业竞争力。他们能够自主学习新知识、新技能，不断提升自己的专业水平，适应不同工作岗位的要求。

（3）促进社会发展　培养具有自我管理和学习能力的高职生，能够为社会输送更多高素质的技术技能人才。这些人才将在各自的岗位上发挥积极作用，为社会的发展和进步做出贡献。

（二）时间管理与自律能力评价

时间管理是高职生在学习和生活中必须掌握的重要技能。一个善于管理时间的学生，能够合理安排学习、实践、社交等各项活动，提高学习效率和生活质量。

1. 学习计划的制订

观察学生是否能够制订合理的学习计划。这包括根据课程安排和个人目标，确定每天、每周、每月的学习任务和时间分配。例如，学生可以制订每周的学习时间表，明确每天的学习科目和时间长度，确保各项学习任务有序进行。

2. 任务优先级的确定

评价学生是否能够正确确定任务的优先级。在面对众多学习和生活任务时，学生需要学会区分重要和紧急的任务，优先处理重要且紧急的任务，合理安排时间处理其他任务。例如，临近考试时，学生应将复习考试科目作为优先任务，合理安排时间进行复习。

3. 时间利用效率

考量学生的时间利用效率。可以通过观察学生在规定时间内完成任务的情况来评价。一个时间管理能力强的学生，能够充分利用每一分钟，避免拖延和浪费时间。例如，在课堂上，学生能够集中注意力听讲，积极参与课堂讨论，提高学习效率；在课余时间，学生能够合理安排时间进行自主学习和实践活动。

4. 自律能力表现

自律能力是时间管理的重要保障。评价学生的自律能力可以从遵守纪律、自我约束等方面进行。例如，学生是否能够按时上课、完成作业，是否能够自觉遵守学校的规章制度；在面对诱惑时，学生是否能够自我约束，坚持完成学习任务。

（三）自主学习与终身学习意识的培养

自主学习是高职生在信息时代必须具备的能力，而终身学习意识则是学生持续发展的动力源泉。

1. **学习主动性**

观察学生的学习主动性。一个具有自主学习能力的学生，能够主动寻求学习机会，积极探索未知领域。例如，学生可以主动参加各种学术讲座、实践活动，拓宽自己的知识面；在遇到问题时，能够主动查阅资料、请教老师和同学，寻求解决问题的方法。

2. **学习方法掌握**

评价学生是否掌握了有效的学习方法。自主学习需要学生具备良好的学习方法，如阅读技巧、笔记方法、复习策略等。例如，学生能够学会快速阅读，提取关键信息；能够做好笔记，整理知识框架；能够制订合理的复习计划，巩固所学知识。

3. **资源利用能力**

考量学生对学习资源的利用能力。在信息时代，学生可以通过图书馆、网络、学术数据库等多种渠道获取学习资源。评价学生是否能够充分利用这些资源，提高学习效果。例如，学生能够熟练使用图书馆的书籍和期刊资源，能够利用网络搜索学习资料，能够参加在线课程学习。

4. **终身学习意识的培养**

培养学生的终身学习意识是高职教育的重要目标之一。评价学生是否具有终身学习的意识，可以从对新知识的渴望、对自身发展的规划等方面进行。例如，学生是否能够认识到学习是一个持续的过程，不断追求新知识和新技能；是否能够制订个人发展规划，为未来的职业发展和个人成长做好准备。

总之，在高职生成长评价的内容与指标体系中，自我管理与学习能力评价是综合素质评价的重要组成部分。通过对时间管理与自律能力、自主学习与终身学习意识的评价，可以全面了解学生的自我管理和学习能力水平，为学生的未来发展提供有力的支持和引导。

第三节　职业素养评价

一、职业道德与规范评价

在高职生成长评价的内容与指标体系中，职业素养评价占据着至关重要的地位，而其中职业道德与规范评价更是衡量高职生能否适应未来职业发展的关键要素。

（一）诚信意识与职业操守的考量

1. 学术诚信

在学习过程中，高职生应秉持诚信原则。评价学生是否在作业、考试、论文等方面做到诚实守信，杜绝抄袭、作弊等不良行为。例如，观察学生在完成课程作业时，是独立思考、自主完成，还是抄袭他人成果；在考试中，是否严格遵守考场纪律，有没有通过不正当手段获取成绩。

2. 工作诚信

进入职场后，诚信更是职业发展的基石。考量学生在实习、实训等实践活动中是否表现出诚实可靠的品质。如在工作任务的执行上，是否如实汇报工作进展和成果，不夸大、不隐瞒；在与同事和上级的交往中，是否遵守承诺，言出必行。

3. 职业保密

对于一些涉及专业技术和商业机密的职业领域，学生应具备保密意识。评价学生是否了解职业保密的重要性，在实践活动中能否妥善处理敏感信息，不泄露工作单位的机密内容。例如，在计算机软件编程实习中，学生是否严格遵守公司的保密规定，不将未发布的软件代码外泄。

（二）职业礼仪与行为规范的评价

1. 仪表仪态

良好的仪表仪态是职业形象的重要体现。评价学生在正式场合是否穿着得体、整洁大方，符合职业要求。例如，在参加面试、商务活动等场合，学生是否穿着职业装，发型整齐，妆容适度；在日常学习和生活中，是否注意个人卫生，保持良好的形象。

2. 沟通礼仪

有效的沟通是职业成功的关键。考量学生在与他人交流时是否使用恰当的语言、语气和肢体语言。如在与老师、同学、实习单位的同事沟通时，是否尊重对方，认真倾听，表达清晰；在电话沟通和电子邮件交流中，是否遵循相应的礼仪规范。

3. 职场行为规范

评价学生是否了解并遵守职场的行为规范。包括遵守工作时间、不迟到早退；尊重上级和同事，不搞小团体；遵守工作场所的安全规定等。例如，在实习单位，学生是否按时到岗，积极完成工作任务，不擅自离岗；在团队合作中，是否尊重他人的意见和建议，共同完成工作目标。

总之，在高职生成长评价中，职业道德与规范评价是职业素养评价的重要内容。通过对诚信意识与职业操守、职业礼仪与行为规范的评价，可以全面了解学生的职业道德水平，为他们未来的职业发展打下坚实的基础。同时，学校也应加强对学生职业道德与规范的教育和培养，提高学生的职业素养，使其成为具有良好职业道德和规范的高素质技术技能人才。

二、职业技能与实践经验评价

在高职生成长评价的内容与指标体系中，职业素养评价无疑是关键部分之一，而其中职业技能与实践经验评价更是直接关系到高职生能否顺利融入职场、实现自身价值。

（一）专业技能的熟练程度评价

1. **理论知识的掌握程度**

专业理论知识是职业技能的基础。评价高职生对专业课程中涉及的理论知识的掌握程度，包括对专业概念、原理、方法的理解和记忆。例如，在工程技术类专业中，考查学生对力学原理、电路分析等理论知识的掌握情况；在医护专业中，评估学生对人体生理结构、疾病诊断原理等知识的熟悉程度。

（1）课堂表现　观察学生在课堂上的参与度、回答问题的准确性以及对理论知识的理解深度。积极参与课堂讨论、能够准确回答问题的学生通常对理论知识有较好的掌握。

（2）考试成绩　专业课程的考试成绩是衡量理论知识掌握程度的重要指标。成绩优秀的学生往往在理论知识的学习上更加扎实。

2. **实践操作能力**

职业技能的核心在于实践操作能力。评价高职生在实际操作中的熟练程度、准确性和效率。

（1）实验实训表现　在实验室和实训基地中，观察学生进行实验和实训操作的情况。包括操作的规范性、熟练程度、对仪器设备的掌握程度以及解决实际问题的能力。例如，在机械加工实训中，考查学生对机床的操作技能、加工精度的控制能力；在护理实训中，评估学生的护理操作技能、对病人病情的观察和处理能力。

（2）技能竞赛成绩　参加各类专业技能竞赛是检验学生实践操作能力的有效方式。学生在技能竞赛中的表现，如获奖情况、排名等，可以反映出他们在专业技能方面的水平。

3. 技能证书获取情况

职业技能证书是对学生专业技能水平的权威认证。评价高职生获取相关职业技能证书的情况，包括证书的级别、种类和数量。

（1）证书与专业匹配度　确保学生获取的技能证书与所学专业相关，能够证明他们在该专业领域具备一定的技能水平。例如，计算机专业的学生获取软件编程、网络技术等方面的证书；会计专业的学生获得会计从业资格证、注册会计师证书等。

（2）证书的含金量　考虑证书的权威性和认可度。一些由国家相关部门或行业协会颁发的证书通常具有较高的含金量，能够更好地体现学生的专业技能水平。

（二）专业技能熟练程度评价方法

在评价学生职业技能与实践经验时，可以采用以下具体方法。

1. 技能考核

（1）实操考试　设置与专业相关的实际操作任务，让学生在规定时间内完成，考查学生对专业技能的掌握程度和操作的准确性、熟练性。例如，对于机械专业学生，可以进行机床操作考核；对于护理专业学生，可以进行模拟护理操作考核。

（2）模拟项目　设计模拟的职业场景项目，要求学生运用所学专业技能解决问题。如计算机专业学生进行软件项目开发模拟，考查其编程能力、问题解决能力和团队协作能力。

（3）技能竞赛　组织校内或参加校外专业技能竞赛，以竞赛成绩作为评价学生专业技能水平的重要依据。竞赛可以激发学生的学习动力和竞争意识，同时也能让学生在与他人的比较中了解自己的技能水平。

2. 作品评估

（1）项目作品　对于一些专业，如设计、艺术等，学生的作品是评价其专业技能的重要方式。可以组织专业教师对学生的作品进行评审，从创意、技术水平、完成度等方面进行打分。例如，平面设计专业学生的设计作品、建筑专业学生的建筑模型等。

（2）实习成果 学生在实习期间完成的工作成果也可以作为评价专业技能的依据。如工程专业学生在实习单位参与的工程项目、商务专业学生撰写的市场调研报告等。

3. 证书认定

（1）职业资格证书 鼓励学生考取与专业相关的职业资格证书，如电工证、会计从业资格证等。证书的级别和种类可以反映学生在该专业领域的技能水平。

（2）技能等级证书 一些行业推出了技能等级证书，如计算机等级证书、英语等级证书等。学生获得的技能等级证书可以作为评价其专业技能的参考。

4. 教师评价

（1）课堂表现 教师在日常教学中观察学生的学习态度、参与度和技能掌握情况，给予评价。例如，对于积极参与课堂实操、提出有价值问题的学生给予较高评价。

（2）作业完成情况 通过学生的作业完成质量，包括准确性、规范性和创新性，评价其专业技能水平。如对于高质量完成编程作业的学生，可以认定其在编程技能方面有较好的掌握。

（三）实习与实训经历的评价

1. 实习单位评价

实习是高职生将理论知识与实践相结合的重要环节。实习单位对学生的评价可以反映出他们在实际工作中的表现和职业素养。

（1）工作态度 评价学生在实习期间的工作态度，包括是否认真负责、积极主动、遵守纪律等。一个具有良好工作态度的学生更容易得到实习单位的认可。

（2）专业能力 考查学生在实习岗位上所展现出的专业技能和知识运用能

力。实习单位对学生的专业能力评价可以帮助学校了解教学与实际需求之间的差距，以便及时调整教学内容和方法。

（3）团队合作　评估学生在实习团队中的合作能力，包括与同事的沟通协调、分工协作以及对团队目标的贡献等。团队合作能力是现代职场中不可或缺的素质，对于高职生的职业发展至关重要。

（4）综合素质　除了专业能力和工作态度外，实习单位还可以对学生的综合素质进行评价，如沟通能力、应变能力、创新能力等。这些综合素质的培养有助于学生更好地适应职场环境。

2. 实训项目成果

实训项目是高职生在校期间进行实践教学的重要形式。评价学生在实训项目中的成果可以检验他们的实践能力和创新能力。

（1）项目完成情况　考查学生是否按照实训项目的要求完成了各项任务，包括项目的进度、质量、创新性等方面。一个优秀的实训项目成果应该具有较高的完成度、良好的质量和一定的创新性。

（2）团队协作　在实训项目中，团队协作能力同样重要。评价学生在团队中的角色和贡献，以及团队成员之间的沟通协调和分工合作情况。

（3）问题解决能力　实训项目中往往会遇到各种问题，评价学生解决问题的能力和方法。能够迅速有效地解决问题的学生通常具有较强的实践能力和创新思维。

（4）项目报告　要求学生撰写实训项目报告，总结项目的过程、成果和经验教训。评价项目报告的内容完整性、逻辑性和表达准确性，以及学生对项目的反思和总结能力。

（四）实习与实训经历评价方法

1. 实习单位反馈

（1）评价表　设计实习单位评价表，由实习单位的指导教师或主管对学生的实习表现进行评价。评价内容可以包括工作态度、专业能力、团队协作、沟通能力等方面。

（2）访谈 学校教师可以与实习单位的相关人员进行访谈，了解学生在实习期间的具体表现和成长情况。访谈可以更加深入地了解学生的优点和不足，为后续的教学和指导提供参考。

2. **实习报告评审**

（1）内容完整性 审查学生实习报告的内容是否完整，包括实习目的、实习单位介绍、实习内容、收获与体会等方面。

（2）分析深度 评价学生对实习经历的分析和总结是否深入，是否能够结合专业知识进行思考，提出有价值的建议和改进措施。

（3）表达规范性 考查实习报告的语言表达是否规范、流畅，格式是否符合要求。

3. **小组互评**

在实习或实训小组中，组织学生进行相互评价。学生可以根据小组成员在实习或实训过程中的表现，对其工作态度、专业能力、团队协作等方面进行评价。小组互评可以促进学生之间的交流和学习，同时也能让学生从不同角度了解自己的表现。

4. **自我评估**

要求学生对自己的实习或实训经历进行自我评估，反思自己的优点和不足，提出未来的改进计划。自我评估可以帮助学生提高自我认知能力，增强自我管理和自我发展的意识。

总之，在高职生成长评价的内容与指标体系中，职业素养评价的职业技能与实践经验评价部分对于学生的职业发展具有重要意义。通过对专业技能的熟练程度和实习与实训经历的评价，可以全面了解学生的职业素养水平，为他们的未来职业发展提供有力的支持和指导。

三、职业发展规划能力评价

在高职生成长评价的内容与指标体系中，职业素养评价起着至关重要的作用，而其中职业发展规划能力评价更是为高职生的未来职业道路奠定坚实基础的关键部分。

（一）职业目标的明确性与合理性评价

1. 自我认知的深度

职业目标的明确首先依赖于对自我的深刻认知。评价高职生是否能够准确分析自己的兴趣、爱好、优势和劣势。例如，通过心理测试、自我反思、与他人交流等方式，了解自己的性格特点、价值观和职业倾向。一个对自己有清晰认识的学生，能够更好地确定适合自己的职业方向。

兴趣匹配度：考查学生的职业目标是否与自己的兴趣爱好相契合。如果学生对某个职业领域充满兴趣，那么他们在未来的工作中更有可能保持热情和积极性。

能力适配性：评估学生的职业目标是否与自己的专业技能和能力相匹配。学生应该根据自己的实际能力水平，确定具有一定挑战性但又切实可行的职业目标。

2. 职业目标的明确性

明确的职业目标能够为学生提供努力的方向。评价学生是否能够具体地描述自己的职业目标，包括职业类型、职位名称、行业领域等。例如，一名高职生的职业目标是成为一名软件工程师，在互联网行业从事软件开发工作。这种明确的职业目标有助于学生制订有针对性的职业发展规划。

短期目标与长期目标的结合：不仅要关注学生的长期职业目标，还要考查他们是否制订了合理的短期目标。短期目标可以是为了实现长期目标而设定的阶段性任务，如通过相关职业技能证书考试、参加实习等。

3. 职业目标的合理性

合理的职业目标应符合社会需求和个人的实际发展。评价学生的职业目标是否具有现实可行性，是否考虑了市场需求、行业发展趋势以及自身的竞争优势。例如，在选择职业目标时，学生应该关注当前热门的行业和职业领域，但也要结合自己的兴趣和能力，避免盲目跟风。

职业发展前景：分析学生所选择的职业目标是否具有良好的发展前景。学生可以通过研究行业报告、了解市场动态、与专业人士交流等方式，评估职业目标的发展潜力。

（二）职业发展规划的可行性与执行力评价

1. 规划的完整性与系统性

一个可行的职业发展规划应该是完整和系统的。评价学生的职业发展规划是否包括自我评估、职业目标设定、职业发展路径、实施策略和评估调整等环节。例如，学生在制订职业发展规划时，应该首先进行自我评估，确定自己的职业目标，然后规划出实现目标的具体路径和步骤，同时制订相应的实施策略，并定期进行评估和调整。

阶段性规划：考查学生是否将职业发展规划分为不同的阶段，并为每个阶段设定具体的目标和任务。阶段性规划可以帮助学生更好地把握职业发展的节奏，逐步实现自己的职业目标。

2. 实施策略的有效性

职业发展规划的可行性还取决于实施策略的有效性。评价学生是否制订了切实可行的实施策略，包括学习计划、实践活动、社交拓展等方面。例如，为了实现成为软件工程师的职业目标，学生可以制订学习编程语言、参加项目实践、加入技术社区等实施策略。

资源利用能力：评估学生是否能够充分利用学校、家庭、社会等各种资源来支持自己的职业发展规划。例如，学生可以利用学校的实习机会、图书馆资源、教师指导等，提升自己的职业素养和竞争力。

3. **执行力的强弱**

执行力是衡量职业发展规划能否成功实施的关键因素。评价学生在执行职业发展规划过程中的表现，包括是否能够按照计划完成各项任务、是否具有克服困难的毅力和决心等。例如，学生在执行学习计划时，是否能够按时完成课程学习、参加培训和考试；在参加实践活动时，是否能够积极主动地承担任务、解决问题。

自我监督与调整：考查学生是否能够对自己的执行情况进行监督和评估，并根据实际情况及时调整职业发展规划。自我监督可以帮助学生发现问题并及时采取措施加以解决，确保职业发展规划的顺利实施。

四、职业素养评价方法

职业素养评价可以采用以下方法。

（一）观察法

1. **课堂表现观察**

在课堂上观察学生的学习态度，如是否认真听讲、积极参与讨论、主动回答问题等。这可以反映学生对专业知识的学习热情和敬业精神。

观察学生在小组活动中的表现，包括团队协作能力、沟通能力、领导能力等。例如，是否能够与小组成员有效沟通、分工合作，共同完成任务。

注意学生在面对困难和挑战时的态度，是积极寻求解决方案还是轻易放弃，这体现了学生的坚韧不拔和问题解决能力。

2. **实习实训观察**

在实习和实训期间，观察学生在实际工作环境中的表现。包括工作纪律、职业操守、责任心等方面。例如，是否按时到岗、遵守企业规章制度、认真完成工作任务。

观察学生与同事的相处情况，如是否尊重他人、善于沟通、具备团队合作精神。同时，也可以观察学生在处理工作中的人际关系问题时的表现。

留意学生在实习实训过程中对专业技能的掌握和运用情况，以及对新知识、新技能的学习能力和适应能力。

（二）访谈法

1. 教师访谈

专业教师可以根据学生在课堂上的表现、作业完成情况、考试成绩等方面，对学生的职业素养进行评价。教师可以分享学生在学习过程中展现出的优点和不足，以及对学生未来职业发展的建议。

实习指导教师可以根据学生在实习期间的表现，对学生的职业素养进行评价。他们可以提供学生在实际工作中的具体案例，说明学生在职业技能、职业道德、团队合作等方面的表现。

2. 企业访谈

与实习单位的领导和同事进行访谈，了解学生在实习期间的工作表现和职业素养。他们可以从实际工作的角度出发，评价学生的专业能力、工作态度、沟通能力、团队合作精神等方面。

邀请企业专家进行访谈，了解行业对高职生职业素养的要求。他们可以提供行业标准和职业规范，为学校评价学生职业素养提供参考。

3. 学生访谈

组织学生进行小组访谈或个别访谈，让学生自我评估和互评。学生可以分享自己在学习和实习过程中的收获和体会，评价自己和同学在职业素养方面的表现。

通过访谈了解学生对职业素养的认识和理解，以及他们在提升职业素养方面的需求和期望。这可以为学校开展职业素养教育提供依据。

（三）问卷调查法

1. 学生自评问卷

设计学生自评问卷，让学生对自己的职业素养进行评价。问卷可以包括职业道德、职业技能、沟通能力、团队合作精神、创新能力等方面的问题。学生可以根据自己的实际情况进行打分和评价，并提出自己的改进措施。

2. 教师评价问卷

教师根据学生的表现，填写教师评价问卷。问卷内容可以与学生自评问卷相似，但评价角度要更加客观。教师可以从教学过程中观察到的学生表现出发，对学生的职业素养进行评价，并提出建议。

3. 企业评价问卷

实习单位可以填写企业评价问卷，对学生在实习期间的职业素养进行评价。问卷可以包括工作态度、专业能力、团队合作、沟通能力、创新能力等方面的问题。企业可以根据学生在实际工作中的表现进行打分和评价，并提出对学校职业素养教育的建议。

（四）作品分析法

1. 课程作业分析

分析学生的课程作业，如报告、论文、设计作品等，评价学生的专业技能、创新能力、逻辑思维能力等方面的职业素养。例如，通过分析学生的设计作品，可以了解学生的创意、审美能力和实际操作能力。

2. 实习成果分析

分析学生在实习期间的工作成果，如工作报告、项目总结、成果展示等，评价学生在实际工作中的职业素养。例如，通过分析学生的工作报告，可以了解学生的工作态度、专业能力、沟通能力和团队合作精神。

3. 竞赛作品分析

分析学生参加各类竞赛的作品，如技能竞赛、创新创业大赛等，评价学生的专业技能、创新能力、团队合作精神等方面的职业素养。竞赛作品通常能够反映学生在特定领域的高水平表现，为评价学生职业素养提供有力依据。

（五）档案袋评价法

1. 建立学生职业素养档案袋

为每个学生建立职业素养档案袋，收集学生在学习和实习过程中的各种材料，如课程作业、实习报告、获奖证书、教师评价、企业评价等。档案袋可以全面记录学生的职业素养发展历程。

2. 定期评估档案袋内容

教师和学生可以定期对档案袋中的内容进行评估，分析学生在职业素养方面的进步和不足。评估可以采用自我评价、小组评价、教师评价等多种方式，确保评价的全面性和客观性。

3. 利用档案袋反馈和指导

根据档案袋评估结果，教师可以为学生提供个性化的反馈和指导，帮助学生明确自己的职业素养发展方向，制订改进计划。同时，档案袋也可以为学校调整教学内容和方法提供参考。

总之，在高职生成长评价的内容与指标体系中，职业发展规划能力评价对于学生的职业素养提升和未来职业发展具有重要意义。通过对职业目标的明确性与合理性以及职业发展规划的可行性与执行力进行评价，可以帮助学生更好地认识自己、明确职业方向、制订合理的规划，并付诸实践，为实现自己的职业梦想奠定坚实的基础。

第五章

高职院校大学生成长评价的方法与工具

运用科学的评价方法和多元化评价工具对高职生开展成长评价，能全面客观地反映学生的综合素质，激发学生的学习动力和潜能。同时，有助于教师调整教学策略，提高教学质量，为学生的职业发展奠定坚实基础，对于其个人发展和职业教育质量提升都具有重要意义。

量化评价方法是一种较为客观的手段。通过设定具体的指标和分值，如考试成绩、实践操作得分、考勤情况等进行量化考核。可以明确地反映学生在知识掌握和技能水平方面的程度。质性评价方法则注重对学生的全面、深入了解。包括观察学生在课堂讨论中的表现、小组活动中的合作能力、解决问题的思维过程等。教师通过日常观察、访谈等方式收集信息，对学生的学习态度、创新能力、沟通能力等进行评价。这种方法能挖掘学生的潜在特质和发展潜力。

多元化评价工具的运用能更全面地反映学生成长。除了传统的考试，还可采用成长档案袋，收集学生的作品、作业、获奖证书等，记录学生成长轨迹。问卷调查可了解学生对教学的满意度和自身发展需求。同学互评能促进学生之间的交流与学习，教师评价则保证专业性。多元化工具结合使用，为高职生成长评价提供多维度视角，助力学生全面发展和职业素养提升。

第一节　量化评价方法

一、考试与测验的设计与实施

在高职生成长评价中，量化评价方法占据重要地位，其中考试与测验是常用的手段。

（一）标准化考试的优势与局限

标准化考试具有诸多优势。首先，它具有较高的客观性和公正性。试题经过严格筛选和测试，评分标准明确统一，能够减少人为因素的干扰，确保评价结果的可靠性。其次，标准化考试可以进行大规模的测试，便于对学生的整体水平进行比较和分析。例如，在全国性的职业技能等级考试中，采用标准化考试能够准确衡量不同地区、不同院校高职生的专业技能水平。此外，标准化考试的成绩具有较高的可比性，可以为学生的升学、就业等提供重要的参考依据。

然而，标准化考试也存在一定的局限性。一方面，标准化考试往往侧重于对学生知识记忆和理解的考查，而对学生的创新能力、实践能力等综合素质的评价相对不足。例如，在一些标准化考试中，学生可能只是机械地记忆知识点，而缺乏对知识的灵活运用和创新思维。另一方面，标准化考试的形式较为单一，容易导致学生为了应付考试而进行死记硬背，忽视了学习的过程和方法。同时，标准化考试可能会给学生带来较大的压力，影响学生的身心健康。

（二）教师自主命题的原则与方法

教师自主命题是高职生成长评价中另一种重要的考试与测验方式。教师自主命题能够更贴合实际教学内容和学生的学习情况。例如，在一门机械制造专业的课程中，教师根据平时的教学重点和学生的掌握程度，设计了一套包含理论知识和实际操作问题的试卷。在理论部分，考查了学生对机械原理、材料特性等知识的理解；在实际操作问题中，要求学生分析一个机械故障案例，并提出解决方案。通过这样的命题方式，不仅能够检验学生对专业知识的掌握程度，还能考查他们运用知识解决实际问题的能力。在一次服装设计专业的课程考核中，教师自主命题要求学生设计一个系列的服装，并撰写设计说明。这种命题方式鼓励学生发挥创意和想象力，同时也考查了他们的专业技能和审美能力。学生们在完成这个任务的过程中，不仅展示了自己的学习成果，还得到了一次实践锻炼的机会。

教师自主命题还可以根据不同的教学阶段和教学目标进行调整。例如，在基础课程阶段，命题可以侧重于基础知识的考查；在专业课程阶段，命题可以更加注重实践能力和创新能力的评价。在一个软件编程专业的教学中，教师在初期的命题主要是考查学生对编程语言基础知识的掌握，随着教学的深入，命题逐渐转向要求学生完成一个小型软件项目的开发，以此来评价学生的综合编程能力。

此外，教师自主命题也有利于及时反馈教学效果。教师通过分析学生的答题情况，可以了解学生对知识的掌握程度和存在的问题，从而调整教学策略，提高教学质量。例如，在一次英语课程的考试后，教师发现学生在阅读理解部分的得分较低，于是在后续的教学中加强了阅读训练，提高了学生的英语阅读能力。

综上所述，教师自主命题在高职生成长评价中具有重要的应用价值。它能够更好地满足教学需求，全面评价学生的学习成果和能力发展，为高职生的成长和职业发展提供有力的支持。

1. 教师自主命题的原则

在进行教师自主命题时，应遵循以下原则。

（1）科学性原则　命题要符合教学大纲和课程标准的要求，涵盖教学的重点和难点内容。试题的难度要适中，能够准确反映学生的学习水平和能力。同时，试题的表述要准确、清晰，避免产生歧义。

（2）客观性原则 命题要避免主观因素的干扰，确保评价结果的客观性。试题的答案要明确、唯一，评分标准要具体、可操作。同时，要注意试题的公平性，避免出现偏题、怪题等现象。

（3）创新性原则 命题要注重创新，避免重复以往的试题。可以结合实际生活和职业需求，设计一些具有创新性和实践性的试题，激发学生的学习兴趣和创新能力。

（4）多样性原则 命题要形式多样，包括选择题、填空题、简答题、论述题等不同类型的试题。同时，可以采用案例分析、实际操作等方式，考查学生的综合能力和实践能力。

2. 教师自主命题的方法

在进行教师自主命题时，可以采用以下方法。

（1）明确命题目标 在命题之前，教师要明确本次考试的目标和要求，确定考查的知识点和能力点。同时，要考虑学生的实际情况和学习水平，制订合理的考试难度和范围。

（2）制订命题计划 根据命题目标，制订详细的命题计划。包括试题的类型、数量、分值、难度等方面的内容。同时，要合理安排试题的分布，确保各个知识点和能力点都能得到充分的考查。

（3）选择试题素材 选择合适的试题素材是命题的关键。可以从教材、参考书籍、实际生活、职业需求等方面获取试题素材。同时，要注意素材的新颖性和实用性，避免使用陈旧、过时的素材。

（4）设计试题内容 在设计试题内容时，要注意试题的科学性、客观性、创新性和多样性。可以采用不同的题型和考查方式，考查学生的不同能力和素质。同时，要注意试题的难度和区分度，确保能够准确反映学生的学习水平和能力。

（5）制订评分标准　制订详细的评分标准是确保评价结果客观公正的重要保障。评分标准要具体、可操作，能够准确反映学生的答题情况。同时，要注意评分标准的一致性和公平性，避免出现评分偏差。

总之，在高职生成长评价中，考试与测验是一种重要的量化评价方法。标准化考试和教师自主命题各有其优势和局限，在实际应用中应根据具体情况选择合适的考试方式。同时，要不断探索和创新考试与测验的设计与实施方法，提高评价结果的科学性和有效性，为高职生的成长和发展提供有力的支持。

二、问卷调查与统计分析

在高职生成长评价中，量化评价方法是重要的手段之一，而问卷调查与统计分析在其中发挥着关键作用。

（一）问卷设计的科学性与有效性

1. 明确评价目标

问卷设计的第一步是明确高职生成长评价的具体目标。是要评估学生的专业知识掌握程度、实践能力、综合素质，还是其他方面？只有明确了目标，才能设计出有针对性的问题，确保问卷的有效性。

例如，如果目标是评价学生的实践能力，问题可以围绕学生参与实习、实训的情况，以及在实践中解决问题的能力等方面展开。

2. 问题的合理性

问题的设计应具有合理性和逻辑性。问题要清晰、简洁，避免模糊不清或有歧义的表述。同时，问题的类型应多样化，包括单选题、多选题、简答题等，以满足不同信息的收集需求。

例如，在调查学生综合素质时，可以设置一些单选题，如“你是否经常参加志愿者活动?”；多选题，如“你认为提升综合素质的方式有哪些?”；简答题，如“请描述一次你在团队合作中发挥重要作用的经历。”

3. 问卷的结构

一个科学的问卷应具有良好的结构。通常包括开头的引言部分，向被调查者说明调查的目的、意义和保密性，以提高被调查者的参与度和信任度。主体部分是具体的问题，问题的排列应遵循一定的逻辑顺序，从易到难、从一般到具体。结尾部分可以设置一些开放性问题，以便收集被调查者的其他意见和建议。

例如，引言部分可以这样写：“亲爱的同学，为了更好地了解你的学习和成长情况，提高学校的教育教学质量，我们特开展此次问卷调查。你的回答将被严格保密，请放心填写。”

4. 预测试与修订

在正式发放问卷之前，进行预测试是非常必要的。选择一小部分高职生进行问卷填写，收集他们的反馈意见，对问卷进行修订和完善。预测试可以发现问题表述不清、选项不合理、问卷过长等问题，提高问卷的科学性和有效性。

例如，预测试后发现某个问题的选项设置过于复杂，被调查者难以理解，可以进行简化和调整。

（二）提高问卷的信度和效度的方法

在问卷调查中，可以通过以下方法提高问卷的信度和效度。

1. 提高信度的方法

（1）确保问题清晰明确　问题的表述应简洁、准确，避免模糊不清或有歧义的语言。例如，不要使用过于专业或生僻的词汇，以免被调查者产生理解偏差。

问题的指向性要明确，让被调查者能够准确理解问题的意图并做出相应的回答。例如，“你对学校的教学质量满意吗?”这个问题就比较明确地指向了被调查者对教学质量的主观感受。

（2）增加问题数量　在合理范围内增加与调查主题相关的问题数量，可以提高问卷的信度。因为多个问题可以从不同角度测量同一概念，减少随机误差的影响。

但要注意问题数量不宜过多，以免引起被调查者的厌烦情绪，影响问卷的回收率和作答质量。

（3）采用标准化的问卷格式　保持问卷的格式统一，包括问题的排版、选项的设置等。这样可以让被调查者更容易理解和回答问题，提高问卷的一致性。

例如，所有问题的选项设置应采用相同的格式，如单选、多选或简答等。

（4）进行预测试　在正式发放问卷之前，选择一小部分具有代表性的被调查者进行预测试。通过预测试，可以发现问题表述不清、选项不合理等问题，并及时进行修改。

预测试还可以帮助确定问卷的长度和难度是否合适，以便进行调整。

（5）控制调查环境　尽量保证调查环境的一致性，减少外部因素对被调查者回答的影响。例如，在进行在线问卷调查时，要确保网络环境稳定，避免因网络问题导致被调查者无法顺利完成问卷。

如果是现场问卷调查，要保证调查场所的安静、舒适，让被调查者能够集中精力回答问题。

2. 提高效度的方法

（1）明确调查目的和内容　在设计问卷之前，要深入了解调查的目的和需求，明确要测量的概念和变量。只有这样，才能设计出具有针对性的问题，提高问卷的效度。

例如，如果调查目的是了解高职生的职业规划情况，那么问题就应该围绕职业目标、职业准备、职业发展等方面展开。

（2）参考相关文献和理论　查阅相关的文献和理论，了解已有研究中对类似问题的测量方法和指标体系。可以借鉴这些研究成果，设计出更科学、有效的问卷。

例如，在设计高职生学习动机问卷时，可以参考教育心理学中的学习动机理论，确定问卷的维度和问题。

（3）邀请专家评审　请相关领域的专家对问卷进行评审，他们可以从专业角度提出问题的合理性、准确性和完整性等方面的意见和建议。

根据专家的意见进行修改和完善，可以提高问卷的效度。

（4）进行效度检验　在问卷回收后，可以通过多种方法进行效度检验。例如，可以计算问卷的内容效度、结构效度等指标。

如果效度不高，要分析原因并对问卷进行进一步的修改和完善。

（5）考虑被调查者的特点　了解被调查者的特点和需求，设计符合他们认知水平和实际情况的问题。例如，对于高职生来说，问题的语言应通俗易懂，避免过于学术化的表达。

同时，要考虑被调查者的文化背景、年龄、性别等因素，确保问题的适用性和有效性。

3. 提高问卷调查回收率

提高问卷调查回收率的具体方法如下。

（1）问卷设计方面

①简洁明了：保持问卷简洁，问题数量适中，避免冗长复杂的问题表述。一般来说，问卷长度最好控制在10~15分钟内能够完成。例如，在调查高职生学习习惯时，问题可以简洁地表述为“你每天花多少时间用于自主学习?”而不是长篇大论地解释自主学习的定义后再提问。使用清晰的字体和排版，方便被调查者阅读和作答。可以适当增加行间距、使用不同的字体颜色突出重点问题等。

②吸引力强：在问卷开头使用有吸引力的引言，说明调查的重要性和被调查者的价值。例如，“亲爱的同学，你的意见对我们改进高职教育至关重要，你的参与将为我们提供宝贵的参考。”设计美观的问卷界面，增加图片、图标等元素，提高问卷的视觉吸引力。如果是在线问卷，可以选择简洁美观的模板。

（2）调查实施方面

①选择合适的调查时间：避免在被调查者忙碌或压力大的时候进行调查，如考试周、毕业季等。可以选择在学期中相对轻松的时间段进行问卷调查。例如，在高职生开学后的几周内或课程作业较少的时间段发放问卷。考虑被调查者的日常作息时间，选择他们可能比较空闲的时间段发送问卷，如晚上或周末。

②多种调查方式结合：可以采用线上线下相结合的方式进行调查。例如，对于一些不擅长使用网络的被调查者，可以发放纸质问卷；同时，利用在线调查平台向更多的被调查者发送问卷链接。还可以结合面对面访谈、电话调查等方式，提高调查的覆盖面和回收率。对于一些重要的被调查者，可以进行面对面访谈，以提高调查效果。

③提供激励措施：给予被调查者一定的激励，如小礼品、抽奖机会、课程学分等。例如，可以在问卷开头说明完成问卷后有机会参与抽奖，赢取精美礼品；或者对于参与调查的学生给予一定的课程实践学分。激励措施要具有吸引力，但也要考虑成本和可行性。

④跟踪提醒：在发送问卷后，可以适时进行跟踪提醒。例如，在问卷发送后的一周内，向未填写问卷的被调查者发送提醒邮件或短信，提醒他们参与调查。提醒的语言要礼貌、简洁，避免给被调查者带来压力。可以这样写："尊敬的同学，我们注意到你还未填写我们的问卷，这份问卷对我们非常重要，你的意见将对高职生的成长评价提供很大帮助。请你在方便的时候尽快填写，感谢你的支持！"

（3）调查对象方面

①建立良好关系：在调查前与被调查者建立良好的关系，提高他们的参与意愿。例如，教师在对学生进行问卷调查时，可以在课堂上提前介绍调查的目的和意义，让学生感受到自己的意见被重视。对于企业或社会人士进行调查时，可以通过正式的邀请函、电话沟通等方式建立联系。

②针对性选择调查对象：根据调查目的，有针对性地选择调查对象，确保他们对调查内容有兴趣和发言权。例如，如果是关于高职生实习情况的调查，就选择有实习经历的学生作为调查对象。可以通过预筛选的方式确定合适的调查对象，提高问卷的针对性和回收率。

（三）统计分析方法的选择与应用

1. 统计方法介绍

（1）描述性统计分析　描述性统计分析是对问卷数据进行初步分析的重要方法。可以计算出均值、中位数、标准差等统计量，了解数据的集中趋势和离散程度。还可以制作频数分布表、柱状图、饼图等图表，直观地展示数据的分布情况。

例如，通过计算学生在某一课程考试成绩的均值和标准差，可以了解学生的整体成绩水平和成绩的波动情况。制作柱状图可以直观地展示学生对不同教学方法的满意度分布。

（2）相关性分析　相关性分析用于研究两个或多个变量之间的关系。在高职生成长评价中，可以分析学生的学习成绩与学习时间、参加课外活动次数等变量之间的相关性。通过相关性分析，可以发现影响学生成长的关键因素，为教育教学提供参考。

例如，通过相关性分析发现学生的实践能力与参加实习实训的次数呈正相关，学校可以进一步加强实践教学环节，提高学生的实践能力。

（3）因子分析　因子分析可以将多个相关的变量归结为少数几个不相关的因子，从而简化数据结构。在高职生成长评价中，可以运用因子分析将学生的各种能力和素质归结为几个主要因子，如专业能力因子、社交能力因子、创新能力因子等，以便更全面地了解学生的成长情况。

例如，通过因子分析将学生的学习成绩、实践能力、团队合作能力等变量归结为专业能力因子和综合素质因子，为学校制订个性化的培养方案提供依据。

（4）回归分析　回归分析用于研究一个或多个自变量与一个因变量之间的关系。在高职生成长评价中，可以通过回归分析建立学生学习成绩与学习时间、学习方法等自变量之间的回归方程，预测学生的学习成绩，为教学干预提供依据。

例如，通过回归分析发现学生的学习成绩与每天的自主学习时间呈正相关，学校可以引导学生增加自主学习时间，提高学习成绩。

2. 统计分析方法的应用

（1）描述性统计分析

①频数分析：统计各个选项被选择的次数，了解被调查者对不同问题的选择分布情况。例如，统计高职生对某门课程教学方式的偏好中，选择“理论讲授”“实践操作”“案例分析”等不同选项的人数。

②集中趋势分析：

计算均值：反映数据的平均水平。如计算高职生每周用于自主学习的平均时间。

中位数：将数据从小到大排序后，位于中间位置的数值。当数据存在极端值时，中位数比均值更能代表数据的中心位置。

众数：数据中出现次数最多的数值。可用于发现最常见的情况，如高职生在选择未来职业方向时，出现最多的职业类型。

③离散程度分析：

标准差：衡量数据的离散程度，标准差越大，数据的波动越大。例如，分析高职生在某一课程考试成绩的离散程度，了解学生成绩的差异情况。

极差：数据中的最大值与最小值之差，反映数据的范围。

（2）相关性分析

用于研究两个或多个变量之间的关系，如下。

①分析学习时间与学习成绩之间是否存在正相关关系，即学习时间越长，成绩是否越高。

②研究参加社团活动的次数与社交能力之间的相关性。

（3）因子分析

①可以将众多相关的变量归结为少数几个不相关的因子。比如将高职生的各种能力指标，包括专业知识掌握程度、实践操作能力、沟通能力等，通过因子分析归结为几个主要因子，如专业能力因子、综合素质因子等，以便更全面地了解学生的成长特点。

②简化数据结构，提取关键信息，为后续的评价和决策提供依据。

（4）回归分析

①建立一个或多个自变量与一个因变量之间的关系模型。例如，以高职生的学习方法、学习时间、参加辅导课程的情况等作为自变量，以学习成绩作为因变量，建立回归方程，预测不同学习条件下学生的成绩表现。

②可以分析自变量对因变量的影响程度，为改进教学和学生成长提供具体的方向。

（5）信度分析和效度分析

①信度分析：用于评估问卷的可靠性。常见的信度分析方法有Cronbach's α系数法（克隆巴赫系数是衡量量表或测验信度的一种方法）。如果系数较高，说明问卷的内部一致性较好，测量结果较为可靠。例如，对一份高职生学习满意度调查问卷进行信度分析，确保问卷结果的稳定性。

②效度分析：检验问卷是否能够准确测量出所要考察的内容。可以通过内容效度、结构效度等方法进行分析。例如，通过与专家讨论、实际数据验证等方式，确保问卷能够有效地测量高职生的成长评价指标。

总之，问卷调查与统计分析是高职生成长评价中量化评价方法的重要组成部分。通过科学合理地设计问卷，并选择恰当的统计分析方法，可以为高职生的成长评价提供准确、客观的数据支持，促进高职教育质量的不断提升。

三、成绩评定与学分计算

在高职生的成长评价中，量化评价方法起着重要作用，其中成绩评定与学分计算是关键环节。

（一）平时成绩与考试成绩的比例分配

1. 明确平时成绩的重要性

平时成绩反映了高职生在日常学习过程中的表现，包括课堂参与度、作业完成情况、小组项目合作等方面。给予平时成绩一定的权重，可以激励学生积极参与课堂活动，培养良好的学习习惯和团队合作精神。例如，在一门专业课程中，教师可以通过观察学生在课堂上的提问、讨论表现，给予相应的平时成绩；对于按时完成高质量作业的学生，也给予一定的加分。

2. 合理确定比例分配

平时成绩与考试成绩的比例分配应根据课程的性质和教学目标来确定。一般来说，理论性较强的课程可以适当降低平时成绩的比例，而实践性较强的课程则应提高平时成绩的比例。例如，对于一门以理论讲授为主的课程，平时成绩与考试成绩的比例可以设置为3：7；而对于一门注重实践操作的课程，比例可以设置为5：5甚至6：4。

3. 确保公平公正

在评定平时成绩时，教师应制订明确的评分标准，确保公平公正。评分标准可以包括课堂表现、作业完成情况、小组项目贡献等方面，并向学生公开。

同时，教师应及时记录学生的平时成绩，避免出现主观随意性。例如，对于课堂表现的评分，可以根据学生的发言次数、质量和参与度等因素进行量化打分。

（二）学分绩点的计算方法与意义

1. 学分绩点的计算方法

学分绩点是衡量学生学习成绩的重要指标，它综合考虑了课程的学分和成绩。一般来说，学分绩点的计算公式为：学分绩点=课程学分×课程绩点。

课程绩点的计算方法通常有多种，常见的有百分制绩点和五级制绩点。例如，在百分制绩点计算方法中，90~100分为4.0绩点，80~89分为3.0绩点，70~79分为2.0绩点，60~69分为1.0绩点，60分以下为0绩点。

2. 学分绩点的意义

（1）反映学生的学习质量　学分绩点可以直观地反映学生在各门课程中的学习质量。较高的学分绩点表明学生在课程学习中取得了较好的成绩，掌握了扎实的专业知识和技能。

（2）激励学生努力学习　学分绩点作为一种量化的评价指标，可以激励学生努力学习，提高学习成绩。学生为了获得较高的学分绩点，会更加积极地参与课堂学习、认真完成作业和考试。

（3）为奖学金评定、评优评先等提供依据　学分绩点是学校进行奖学金评定、评优评先等工作的重要依据之一。通过学分绩点的高低，可以筛选出学习成绩优秀、综合素质较高的学生，给予相应的奖励和荣誉。

（4）便于学校进行教学管理和质量监控　学校可以通过分析学生的学分绩点分布情况，了解教学质量和学生学习情况，及时调整教学计划和教学方法，提高教学管理水平和教学质量。

总之，平时成绩与考试成绩的比例分配和学分绩点的计算是高职生成长评价中量化评价方法的重要组成部分。合理确定比例分配、科学计算学分绩点，对于全面、客观地评价学生的学习成绩和成长情况，激励学生努力学习，提高高职教育质量具有重要意义。

四、量化评价在成长评价其他方面的应用

量化评价方法可以广泛应用到高职生成长评价的多个方面，以下是一些具体的应用方式。

（一）实践能力评价

1. 技能考核量化

对于高职生的专业实践技能，可以制订详细的考核标准和量化指标。例如，在机械加工专业中，可将工件的精度、加工时间、操作规范等作为量化指标。对每个指标赋予一定的分值，根据学生的实际表现进行打分。例如，加工一个零件，尺寸精度在规定范围内得一定分值，表面粗糙度达标得相应分值，操作过程符合安全规范也可得一定分值。通过这种方式，准确评价学生的实践技能水平。

2. 实习表现量化

在实习评价中，可从工作态度、工作能力、团队合作等方面进行量化。如工作态度可包括出勤情况、服从安排等，赋予不同的分值。工作能力可以根据完成任务的质量、效率等进行量化。团队合作则可根据与同事的沟通协作情况进行打分。例如，全勤可得较高分值，积极主动承担工作任务并高质量完成可得高分，在团队项目中发挥积极作用、与同事配合默契也可获得相应分值。

（二）综合素质评价

1. 课外活动参与度量化

对学生参加社团活动、志愿者服务、学术竞赛等课外活动进行量化评价。可以根据活动的类型、时长、贡献度等制订量化标准。例如，参加一次志愿者服务活动可根据服务时长和服务效果给予一定分值；在学术竞赛中获奖可根据

奖项级别给予不同的高分值。这样可以鼓励学生积极参与课外活动，提升综合素质。

2. 沟通能力量化

沟通能力是高职生重要的综合素质之一。可以通过课堂发言次数、小组讨论表现、演讲比赛成绩等方面进行量化。例如，课堂上主动发言一次得一定分值，在小组讨论中能够清晰表达观点、倾听他人意见并达成共识可得相应分值。

参加演讲比赛获得优异成绩也可给予较高的量化分值，从而全面评价学生的沟通能力。

（三）职业素养评价

1. 职业道德量化

制订职业道德评价指标，如诚实守信、责任心、敬业精神等。通过教师评价、同学互评、企业反馈等方式进行量化。

例如，在实习期间，企业对学生的诚实守信、遵守职业道德规范的评价可作为重要的量化依据。教师和同学也可以根据学生在日常学习和生活中的表现，对其责任心和敬业精神进行评价打分。

2. 职业规划能力量化

评价学生的职业规划能力，可从职业目标明确度、规划合理性、执行情况等方面进行量化。例如，制订了明确的职业目标得一定分值，规划合理且具有可行性得相应分值，积极采取行动落实职业规划也可得一定分值。

通过这种方式，引导学生重视职业规划，提高职业素养。

总之，将量化评价方法应用到高职生成长评价的各个方面，需要制订科学合理的量化指标和评价标准，结合多种评价主体的意见，确保评价结果的客观、准确，为高职生的成长和发展提供有力的支持。

以下是一份高职生实践能力评价技能考核量化示例：《机械加工专业实践能力技能考核量化表》。

一、考核项目及分值比例

1. 工件加工精度（35%）
2. 加工时间控制（18%）
3. 操作规范程度（18%）
4. 工具使用与维护（10%）
5. 安全意识表现（10%）
6. 设备使用规范（9%）

二、具体考核指标及评分标准

1. 工件加工精度

尺寸精度（15%）：

· 尺寸偏差在±0.05mm以内，得13~15分。

· 尺寸偏差在±0.1mm以内，得10~12分。

· 尺寸偏差在±0.15mm以内，得7~9分。

· 尺寸偏差在±0.2mm以内，得4~6分。

· 尺寸偏差超过±0.2mm，得0~3分。

形状精度（10%）：

· 形状完全符合要求，得9~10分。

· 形状略有偏差但不影响使用，得6~8分。

· 形状偏差较大但可修复，得3~5分。

· 形状偏差严重无法修复，得0~2分。

表面粗糙度（10%）：

· 表面粗糙度达到Ra0.8及以下，得9~10分。

·表面粗糙度在Ra0.9~Ra1.5，得6~8分。

·表面粗糙度在Ra1.6~Ra3.2，得3~5分。

·表面粗糙度超过Ra3.2，得0~2分。

2. 加工时间控制

·在规定时间内完成加工任务且有一定余量，得15~18分。

·在规定时间内完成加工任务但无余量，得12~14分。

·超出规定时间10%以内完成加工任务，得9~11分。

·超出规定时间10%~20%完成加工任务，得6~8分。

·超出规定时间20%以上完成加工任务，得0~5分。

3. 操作规范程度

·操作流程完全符合规范，得15~18分。

·操作流程基本符合规范，有个别小失误，得12~14分。

·操作流程有一定偏差但不影响安全和加工质量，得9~11分。

·操作流程偏差较大，对安全或加工质量有一定影响，得6~8分。

·操作流程严重不符合规范，存在安全隐患或影响加工质量，得0~5分。

4. 工具使用与维护

·工具使用正确、熟练，维护良好，得8~10分。

·工具使用基本正确，维护较好，得5~7分。

·工具使用有一定错误，维护一般，得2~4分。

·工具使用错误较多，维护不善，得0~1分。

5. 安全意识表现

·全程严格遵守安全操作规程，有良好的安全意识，得8~10分。

·基本遵守安全操作规程，安全意识较好，得5~7分。

·偶尔违反安全操作规程，安全意识一般，得2~4分。

·经常违反安全操作规程，安全意识淡薄，得0~1分。

6. 设备使用规范

· 严格按照设备操作规程使用设备，得7~9分。

· 基本能按照设备操作规程使用设备，有个别小失误，得4~6分。

· 设备使用有一定违规情况但未造成严重后果，得2~3分。

· 设备使用严重违规，造成设备损坏或安全事故，得0~1分。

三、总分计算及评价等级

1. 总分计算

各项指标得分相加即为总分。

2. 评价等级

· 90分及以上为优秀。

· 80~89分为良好。

· 70~79分为中等。

· 60~69分为合格。

· 60分以下为不合格。

第二节　质性评价方法

一、观察与记录

在高职生的成长评价中，质性评价方法具有重要意义，其中观察与记录是关键环节之一。

（一）课堂观察的要点与方法

1. 课堂观察的要点

课堂观察的要点主要包括以下几个方面。

（1）学生的参与度　观察学生在课堂上的主动参与程度，包括提问、回答问题、参与讨论等。这可以反映学生的学习积极性和对知识的渴望程度。例如，记录学生在课堂上主动发言的次数、提出问题的质量以及参与小组讨论的活跃度。

（2）学习态度　留意学生的学习态度，如认真听讲、做笔记、遵守课堂纪律等。积极的学习态度对于学生的成长至关重要。例如，观察学生是否专注于课堂内容，是否及时记录重要知识点，以及是否尊重教师和同学的发言。

（3）合作能力　在小组活动或项目中，观察学生的合作能力。包括与小组成员的沟通、协作、分工等方面。合作能力是现代职业教育中非常重要的一项素养。例如，记录学生在小组活动中是否能够积极倾听他人意见、主动承担任务、有效地协调矛盾等。

（4）问题解决能力　观察学生在面对问题时的解决能力。这包括分析问题、提出解决方案、尝试不同方法等。培养学生的问题解决能力有助于他们在未来的职业中更好地应对各种挑战。例如，观察学生在课堂练习或项目中遇到问题时的反应和处理方式，是否能够独立思考并尝试多种解决方案。

2. 课堂观察的方法

课堂观察的方法主要包括以下几个种类。

（1）直接观察　教师可以在课堂上直接观察学生的表现，记录下重要的行为和事件。这种方法直观、真实，但需要教师具备敏锐的观察力和良好的记录习惯。例如，教师可以在课堂上随身携带一个笔记本，随时记录学生的表现。

（2）录像观察　使用录像设备记录课堂教学过程，然后在课后进行观察和分析。这种方法可以更全面地观察学生的表现，并且可以反复观看，以便更深入地了解学生的学习情况。例如，教师可以在课堂上设置一个摄像头，录制整个教学过程，然后在课后与同事一起观看录像，共同分析学生的表现。

（3）学生自评与互评　让学生进行自评和互评，也是一种有效的课堂观察方法。学生可以通过反思自己的学习过程和表现，提高自我认知能力；同时，通过评价他人，学会欣赏他人的优点，发现自己的不足。例如，教师可以在课堂上组织学生进行小组互评，让学生互相评价对方在小组活动中的表现。

（二）实践活动中的观察与记录

1. 实践活动中的观察要点

实践活动中的观察要点主要有以下几个方面。

（1）实践技能　观察学生在实践活动中的技能掌握程度，包括操作的熟练程度、准确性、安全性等。实践技能是高职生的核心竞争力之一，因此在实践活动中对学生的技能进行观察和评价非常重要。例如，记录学生在实习、实训或实验中的操作表现，是否能够正确使用工具和设备，是否能够按照规范进行操作。

（2）创新能力　留意学生在实践活动中的创新能力，如提出新的想法、改进现有方法、设计新的产品等。创新能力是现代社会对人才的重要需求之一，培养学生的创新能力也是高职教育的重要目标。例如，观察学生在实践项目中是否能够提出独特的解决方案，是否能够尝试新的技术和方法。

（3）团队合作　在实践活动中，团队合作能力同样非常重要。观察学生在团队中的沟通、协作、分工等方面的表现，以及团队的整体效率和成果。例如，记录学生在团队项目中是否能够积极与队友沟通、互相支持、共同完成任务。

（4）职业素养　观察学生在实践活动中表现出的职业素养，如责任心、敬业精神、职业道德等。职业素养是高职生未来职业发展的重要基础，因此在实践活动中对学生的职业素养进行观察和培养非常必要。例如，观察学生在实习期间是否能够按时完成任务、遵守企业规章制度、保守企业机密等。

2. 实践活动中的观察与记录方法

实践活动中的观察与记录方法主要有以下几种。

（1）现场观察　教师或实习指导教师可以在实践活动现场进行观察，记录学生的表现。这种方法可以及时发现问题并给予指导，同时也可以更直观地了解学生的实践能力和职业素养。例如，在实习现场，教师可以观察学生的工作态度、操作技能、与同事的沟通等方面的表现，并及时给予反馈和建议。

（2）实践报告　要求学生在实践活动结束后提交实践报告，记录自己的实践过程、收获和体会。教师可以通过阅读实践报告，了解学生在实践活动中的表现和成长。例如，学生在实习结束后，可以撰写实习报告，详细描述自己在实习期间的工作内容、遇到的问题及解决方法、对职业的认识和体会等。

（3）访谈与反馈　与学生进行访谈，了解他们在实践活动中的感受和收获，同时也可以听取他们对实践活动的建议和意见。这种方法可以促进师生之间的交流和互动，同时也可以为改进实践教学提供参考。例如，教师可以在实践活动结束后，组织学生进行访谈，了解他们在实践中的收获和遇到的问题，以及对实践教学的建议。

总之，观察与记录是高职生成长评价中质性评价方法的重要组成部分。通过课堂观察和实践活动中的观察与记录，可以更全面、深入地了解学生的学习情况和成长过程，为学生的发展提供更有针对性的指导和支持。

二、访谈与案例分析

在高职生成长评价中，质性评价方法扮演着重要角色，其中访谈与案例分析是极具价值的手段。

（一）访谈的类型与技巧

1. 访谈的类型

访谈的类型主要包括以下几种。

（1）结构化访谈　结构化访谈是一种高度标准化的访谈方式，问题和回答选项都事先确定好。这种访谈类型适用于收集特定信息，具有较高的可靠性和可比较性。例如，在了解高职生对某一专业课程的满意度时，可以设计一系列结构化问题，如“你对课程内容的难度评价如何?”“教师的教学方法是否有助于你的学习?”等，让学生在预设的选项中进行选择。

（2）半结构化访谈　半结构化访谈在一定程度上兼具标准化和灵活性。有一些核心问题是预先确定的，但访谈者也可以根据被访者的回答进行追问和深入探讨。这种类型的访谈能够更深入地了解学生的想法和感受。例如，在探讨高职生职业规划时，可以先提出一些关于职业目标、职业兴趣等方面的问题，然后根据学生的回答进一步询问他们为实现职业目标所采取的具体行动和面临的困难。

（3）非结构化访谈　非结构化访谈是最为灵活的访谈方式，没有预先设定的问题，访谈者根据与被访者的互动随机提问。这种访谈类型能够挖掘出学生一些深层次的、未被预期的观点和经验。例如，在与高职生交流他们的大学生活体验时，访谈者可以从一个开放性的问题开始，如“请谈谈你在大学期间最难忘的经历”，然后根据学生的讲述不断追问，深入了解学生在这些经历中的收获和成长。

2. 访谈的技巧

访谈的技巧主要有以下几个方面。

（1）建立良好的关系　在访谈开始前，访谈者要与被访者建立起信任和友好的关系。可以通过简单的自我介绍、说明访谈的目的和意义等方式，让被访者感到放松和舒适。例如，访谈者可以微笑着说：“你好，很高兴认识你。

今天我们来聊一聊你的大学生活，你的意见对我们非常重要，希望你能畅所欲言。”

（2）提问的技巧　提问是访谈的核心环节，要注意问题的清晰性、开放性和引导性。清晰的问题能让被访者准确理解问题的意图，开放性问题能够鼓励被访者充分表达自己的观点，引导性问题可以帮助被访者深入思考。比如，“你觉得大学生活中最大的挑战是什么？”是一个开放性问题，可以让学生自由发挥；“你在面对这个挑战时，采取了哪些措施呢？”是一个引导性问题，可以促使学生进一步思考自己的应对策略。

（3）倾听的技巧　访谈者要认真倾听被访者的回答，给予充分的关注和回应。不要打断被访者的发言，要用眼神交流、点头等方式表示自己在认真倾听。同时，要注意捕捉被访者话语中的关键信息，以便进行进一步的追问。例如，当被访者讲述自己在实习中的经历时，访谈者可以用专注的眼神看着对方，偶尔点头表示理解，当听到关键信息时，可以记录下来并适时追问。

（4）记录的技巧　在访谈过程中，要做好记录，确保准确记录被访者的回答。可以采用录音、笔记等方式进行记录，但要在访谈开始前征得被访者的同意。记录时要注意简洁明了，抓住重点内容。例如，在记录被访者的回答时，可以使用关键词和简短的句子，以便后续整理和分析。

（二）案例分析在评价中的作用及实施步骤

1. 案例分析在评价中的作用

（1）深入了解学生的综合能力　通过对具体案例的分析，可以全面了解高职生在知识应用、问题解决、团队合作等方面的综合能力。例如，给出一个实际的项目案例，要求学生分析项目中存在的问题并提出解决方案，从而考查学生的专业知识掌握程度、分析问题的能力和创新思维。

（2）促进学生的自我反思　让学生参与案例分析，能够促使他们对自己的学习和行为进行反思，发现自己的优势和不足。例如，在分析一个成功的团队合作案例后，学生可以反思自己在团队中的表现，思考如何提高自己的团队合作能力。

（3）为教学提供反馈　案例分析的结果可以为教师提供关于教学效果的反馈，帮助教师调整教学内容和方法。例如，如果学生在案例分析中普遍表现出对某一知识点的理解困难，教师可以在后续教学中加强对该知识点的讲解和练习。

2. 案例分析的实施步骤

（1）选择合适的案例　案例的选择要具有代表性、真实性和启发性。可以从实际的教学、实习、项目等活动中选取案例，也可以借鉴其他学校或企业的成功案例。例如，在市场营销专业中，可以选择一个企业的成功营销案例，让学生分析其营销策略和成功因素。

（2）呈现案例　将案例以文字、图片、视频等形式呈现给学生，让学生充分了解案例的背景、问题和要求。例如，可以通过幻灯片展示案例的详细内容，或者让学生观看一段与案例相关的视频。

（3）学生分析案例　学生以小组或个人的形式对案例进行分析，提出问题、分析原因、提出解决方案等。在这个过程中，教师可以给予适当的指导和提示。例如，教师可以提出一些引导性问题，帮助学生打开思路，如“这个案例中的关键问题是什么？”“你认为可以采取哪些措施来解决这些问题？”

（4）讨论与分享　组织学生进行小组讨论或全班分享，让学生交流自己的分析结果和观点。通过讨论和分享，可以拓宽学生的思维，促进学生之间的学习和交流。例如，每个小组推选一名代表进行发言，介绍小组的分析结果和解决方案，然后其他小组进行提问和评论。

（5）总结与评价　教师对学生的案例分析进行总结和评价，指出学生的优点和不足，提出改进的建议。同时，教师可以引导学生对案例进行进一步的思考和拓展。例如，教师可以总结学生在案例分析中表现出的共同问题，提出有针对性的改进措施，并布置一些相关的课后作业，让学生进一步巩固所学知识。

（三）访谈与案例分析在评价中的应用注意事项

1. 保护被访者隐私

在访谈过程中，要严格保护被访者的隐私，不得泄露被访者的个人信息和访谈内容。在案例分析中，也要注意对涉及个人隐私的信息进行处理，确保学生的隐私得到保护。

2. 确保案例的真实性

选择的案例要真实可靠，避免虚构或夸张。真实的案例能够更好地反映实际情况，提高评价的有效性。

3. 引导学生积极参与

在访谈和案例分析中，要积极引导学生参与，鼓励他们发表自己的观点和想法。可以通过提问、讨论等方式激发学生的兴趣和积极性。

4. 客观评价学生表现

在评价学生的访谈和案例分析表现时，要客观公正，避免主观偏见。要根据学生的实际表现进行评价，给予合理的反馈和建议。

5. 结合其他评价方法

访谈与案例分析只是高职生成长评价的一部分，要结合其他评价方法，如量化评价、观察记录等，全面、综合地评价学生的成长情况。

（四）运用访谈与案例分析进行高职生成长评价的案例

案例一：酒店管理专业

在某高职院校的酒店管理专业中，教师为了评价学生的专业素养和实践能力，采用了访谈与案例分析相结合的方法。

首先，教师选择了几个真实的酒店服务案例，包括客人投诉处理、大型会议接待等。将这些案例呈现给学生后，要求学生以小组形式进行分析，提出解决方案。在学生分析过程中，教师观察并记录他们的表现，包括团队协作、问题分析能力等。

其次，教师对学生进行访谈，询问他们在案例分析中的思路、遇到的困难以及从中学到了什么。通过访谈，教师了解到学生对专业知识的理解程度和实际应用能力。

例如，在一个客人投诉房间卫生问题的案例中，学生们通过讨论提出了及时道歉、安排清洁人员重新打扫、给予客人一定补偿等解决方案。在访谈中，学生们表示通过这个案例更加深刻地理解了客户服务的重要性，以及如何在实际工作中快速有效地解决问题。

最终，教师根据学生在案例分析和访谈中的表现，对他们的专业素养和实践能力进行了综合评价，并针对学生的不足之处提出了改进建议。

案例二：计算机应用技术专业

在计算机应用技术专业中，教师为了评估学生的项目开发能力和创新思维，运用了访谈与案例分析的方法。

教师选取了一些优秀的学生项目案例和企业实际项目案例，让学生进行分析。学生们需要分析案例中的技术实现、项目管理、创新点等方面。在这个过程中，教师可以观察学生的分析能力和创新思维。

接着，教师对学生进行一对一的访谈。访谈中，教师可以询问学生对案例中技术的理解、如果自己来做会有哪些不同的设计、在项目开发中遇到的最大挑战是什么等问题。

例如，在一个企业网站开发案例中，学生们分析了网站的功能模块、技术架构和用户体验设计。在访谈中，有的学生提出如果自己来做，会采用更先进的前端框架来提高页面加载速度和用户交互性。通过访谈，教师了解了学生的技术水平和创新潜力。

教师根据学生在案例分析和访谈中的表现，对他们的项目开发能力和创新思维进行了评价，并为学生的未来学习和项目实践提供了指导方向。

上述案例表明，访谈与案例分析相结合的方法可以有效地评价高职生的成长情况，为教学和学生发展提供有价值的参考。访谈与案例分析是高职生成长评价中质性评价方法的重要组成部分。通过合理运用访谈的类型与技巧，以及充分发挥案例分析的作用，并关注应用中的注意事项，可以更全面、深入地了解高职生的成长情况，为高职生的发展提供更有针对性的指导和支持。

三、作品分析与展示

在高职生成长评价中，质性评价方法有着独特的价值，其中作品分析与展示是重要的环节之一。

（一）学生作品的评价标准与方法

1. 学生作品的评价标准

学生作品的评价标准主要有以下几点。

（1）技术水平　考量学生作品在专业技术方面的表现。对于不同专业的学生作品，技术要求各不相同。例如，在设计专业中，作品的色彩搭配、构图合理性、软件操作熟练程度等都是技术水平的重要体现；在工程技术专业中，作品的精度、稳定性、安全性等则是关键指标。

（2）创新性　关注学生作品是否具有独特的创意和新颖的思路。创新可以体现在设计理念、解决问题的方法、技术应用等方面。例如，一个机械设计专业的学生作品，如果能够采用新的材料或结构设计，提高产品的性能或降低成本，就体现了较高的创新性。

（3）实用性　判断学生作品是否具有实际应用价值。作品应能满足一定的市场需求或解决实际问题。例如，软件专业学生开发的应用程序，如果能够解决用户在生活或工作中的实际问题，具有良好的用户体验，就具有较高的实用性。

（4）完整性　检查学生作品是否完整，包括是否符合任务要求、是否有明确的目标和结构、是否具备必要的组成部分等。例如，一篇论文应包括题目、摘要、正文、参考文献等部分，且内容完整、逻辑清晰。

（5）规范性　评估学生作品是否符合专业规范和学术要求。包括格式规范、引用规范、语言表达规范等。例如，在撰写学术论文时，应遵循正确的引用格式，避免抄袭；在设计作品中，应符合行业标准和设计规范。

2. 学生作品的评价方法

学生作品的评价方法主要有以下几点。

（1）教师评价　教师作为专业人士，能够从专业角度对学生作品进行全面的评价。教师可以根据评价标准，对学生作品进行打分或给出评语，指出作品的优点和不足之处，并提出改进建议。例如，在艺术设计专业中，教师可以从创意、构图、色彩、表现手法等方面对学生的绘画作品进行评价。

（2）同学互评　组织学生进行相互评价，可以促进学生之间的交流与学习。同学互评可以让学生从不同的角度看待作品，发现自己作品中的不足之处，同时也能学习他人的优点。例如，在小组项目中，小组成员可以对彼此的工作进行评价，提出建设性的意见。

（3）自我评估　引导学生对自己的作品进行反思和评价，有助于培养学生的自我认知和自我管理能力。学生可以根据评价标准，对自己的作品进行分析，总结自己的收获和成长，同时也能明确自己的努力方向。例如，学生在完成一个作品后，可以撰写自我评估报告，分析自己在作品创作过程中的表现和作品的优缺点。

（二）作品展示在评价中的作用

1. 激发学生的学习动力

作品展示为学生提供了一个展示自己成果的平台，能够让学生感受到自己的努力和付出得到了认可和回报。这种成就感可以激发学生的学习动力，促使他们更加积极地投入到学习中。例如，在学校举办的作品展览中，学生看到自己的作品被展示出来，会感到自豪和满足，从而更加努力地学习，争取在下次展示中有更好的表现。

2. **促进学生之间的交流与学习**

作品展示可以促进学生之间的交流与学习。学生在观看他人的作品时，可以学习到不同的创意和方法，拓宽自己的视野。同时，学生也可以通过与他人的交流，分享自己的经验和心得，提高自己的专业水平。例如，在班级作品展示活动中，学生可以互相讨论作品的优点和不足之处，提出改进建议，共同进步。

3. **为教师提供教学反馈**

作品展示可以为教师提供教学反馈，帮助教师了解学生的学习情况和教学效果。教师可以通过观察学生的作品，发现学生在学习中存在的问题和不足，从而调整教学内容和方法，提高教学质量。例如，教师在看到学生的作品后，如果发现学生在某个知识点上掌握得不够好，可以在后续的教学中加强对该知识点的讲解和练习。

4. **增强学校与社会的联系**

作品展示可以增强学校与社会的联系，让社会了解学校的教学成果和学生的专业水平。学校可以邀请企业、行业专家等社会人士参观学生作品展示，听取他们的意见和建议，为学生的就业和发展提供机会。例如，在学校举办的毕业设计作品展中，企业可以通过观看学生的作品，了解学生的专业能力和创新思维，为企业招聘人才提供参考。

总之，作品分析与展示是高职生成长评价中质性评价方法的重要组成部分。通过制定科学合理的评价标准和方法，充分发挥作品展示的作用，可以更全面、客观地评价学生的成长情况，为学生的发展提供有力的支持。

第三节　多元化评价工具的运用

一、成长档案袋的建立与使用

在高职生成长评价中，多元化评价工具的运用至关重要，而成长档案袋就是其中一种极具价值的手段。

（一）档案袋的内容与结构设计

1. 档案袋的内容

档案袋的内容主要有以下几个方面。

（1）学习成果展示　课程作业：包括书面作业、实验报告、项目设计等，能够体现学生在不同课程中的学习收获和能力提升。例如，机械专业的学生可以放入精心完成的机械制图作业、零件加工工艺设计报告等。

考试试卷及成绩分析：保留重要考试的试卷，同时附上对成绩的自我分析，帮助学生了解自己的学习进展和薄弱环节。例如，学生可以在成绩分析中指出自己在哪些知识点上存在不足，以及未来的改进计划。

获奖证书与荣誉：如学科竞赛获奖证书、优秀学生干部荣誉证书等，这些是学生在学习和综合素质方面突出表现的有力证明。

（2）实践活动记录　实习报告：详细记录学生在实习期间的工作内容、收获与体会、遇到的问题及解决方法。例如，酒店管理专业的学生可以描述自己在酒店实习中参与的服务项目、与客人的互动以及对酒店行业的新认识。

社会实践活动总结：包括志愿者活动、社区服务等经历，反映学生的社会责任感和团队合作能力。例如，学生可以分享在社区义工活动中与团队成员共同完成任务的过程和感受。

项目实践成果：如参与的科研项目、创新创业项目等的成果展示，包括项目报告、产品模型等。例如，计算机专业的学生可以展示自己参与开发的软件项目成果。

（3）个人成长记录　学习计划与目标：学生制订的学期学习计划、职业规划目标等，体现学生的自我管理和未来发展方向。例如，学生可以明确自己在本学期要掌握的专业技能和考取的职业资格证书。

自我评价与反思：定期进行的自我评估，分析自己的优点和不足，以及在学习和生活中的成长变化。例如，学生可以在每个月结束时写下自己在这个月中的进步和需要改进的地方。

教师与同学评价：教师对学生的评语、同学之间的互评，从不同角度反映学生的表现。例如，教师可以在学期末对学生的学习态度、专业能力等方面进行评价，同学之间可以互相评价彼此在小组活动中的贡献。

2. 档案袋的结构设计

档案袋的结构设计主要包括以下几个部分。

（1）封面设计　封面应简洁美观，包含学生的姓名、专业、班级等基本信息，以及档案袋的主题和建立时间。可以采用有学校特色或专业特色的图案进行装饰，增加档案袋的辨识度。

（2）目录　编制详细的目录，方便查阅档案袋中的内容。目录应按照档案袋的内容分类进行编排，如学习成果、实践活动、个人成长等，并标明每个部分的具体文件名称和页码。

（3）内容分类存放　将不同类型的内容分别存放在不同的文件夹或隔页中，保持档案袋的整洁有序。可以使用彩色标签或便签对不同部分进行区分，便于快速找到所需内容。

（4）附加材料　可以在档案袋中添加一些与学生成长相关的附加材料，如参加活动的照片、证书复印件的原件核对说明等，增强档案袋的丰富性和真实性。

（二）档案袋评价的流程与方法

1. 档案袋评价的流程

档案袋评价的流程主要包括以下几个阶段。

（1）建立阶段　教师向学生介绍成长档案袋的目的、内容和结构设计，引导学生认识到档案袋对自身成长的重要性。

学生根据要求开始收集和整理自己的学习成果、实践活动记录和个人成长记录等内容，逐步建立自己的档案袋。

教师在这个过程中给予学生指导和帮助，确保档案袋的内容符合要求。

（2）中期评估阶段　在学期中或项目进行到一定阶段时，教师组织学生对档案袋进行中期评估。学生自我检查档案袋的内容是否完整、是否能够真实反映自己的成长情况，并进行必要的补充和调整。

教师可以抽取部分学生的档案袋进行检查和评价，给予学生反馈和建议，帮助学生明确下一步的努力方向。

（3）期末评价阶段　在学期末或项目结束时，进行全面的档案袋评价。学生对自己的档案袋进行总结和反思，撰写档案袋自评报告，阐述自己在这个阶段的成长收获和不足之处。

教师组织小组互评和教师评价，小组成员之间互相查阅档案袋，交流学习经验，提出评价意见。教师根据学生的自评、互评和自己的观察，对学生的档案袋进行综合评价，并给出最终的成绩和评语。

（4）反馈与改进阶段　教师将评价结果反馈给学生，与学生进行一对一的交流，帮助学生理解评价结果，明确自己的优势和不足。

学生根据评价反馈，制订下一阶段的学习计划和成长目标，对档案袋进行改进和完善，为未来的学习和发展做好准备。

2. 档案袋评价的方法

档案袋评价的方法主要有以下这些。

（1）量化评价与质性评价相结合　对于档案袋中的一些可量化的内容，如考试成绩、获奖次数等，可以采用量化评价的方法，给予具体的分数或等级。

对于学生的自我评价、反思、教师评语等质性内容，则需要进行质性评价，分析其内容的深度、真实性和价值。例如，教师可以根据学生的自我评价是否客观、反思是否深刻、成长目标是否明确等方面进行评价。

（2）多主体评价　档案袋评价应采用多主体评价的方式，包括学生自评、同学互评、教师评价等。不同主体的评价可以从不同角度反映学生的成长情况，使评价结果更加全面和客观。

学生自评可以培养学生的自我认知和自我管理能力，同学互评可以促进学生之间的交流与学习，教师评价则可以从专业角度给予学生指导和建议。

（3）过程性评价与终结性评价相结合　档案袋评价不仅关注学生的最终成果，更注重学生在整个学习过程中的成长和进步。因此，评价应将过程性评价与终结性评价相结合。

过程性评价可以通过观察学生在档案袋建立过程中的表现、中期评估的结果等进行，终结性评价则主要依据期末档案袋的整体质量和评价结果。

总之，成长档案袋的建立与使用是高职生成长评价中多元化评价工具的重要组成部分。通过合理设计档案袋的内容与结构，规范评价流程和方法，可以更全面、客观地记录和评价学生的成长历程，为学生的发展提供有力的支持。

（三）成长档案袋在高职生成长评价中的优势

1. 全面展示学生成长过程

（1）记录多方面表现　成长档案袋能够收集学生在学习、实践、个人成长等多个方面的材料，全面展示学生在知识技能、态度情感、价值观等方面的发展变化。例如，不仅包括课程作业、考试成绩，还涵盖实习报告、社会实践总结、项目成果以及自我评价与反思等内容，让评价者能够看到学生的综合素质和全面成长。

（2）呈现动态发展轨迹　通过连续收集学生不同阶段的作品和记录，成长档案袋可以清晰地呈现学生的成长轨迹。例如，从刚入学时较为青涩的作品到毕业时成熟的项目成果，能够直观地反映出学生在专业能力、创新思维等方面的逐步提升，使评价更加具有连贯性和系统性。

2. **激发学生自主学习和反思能力**

（1）促进自我认知　学生在整理和建立成长档案袋的过程中，需要对自己的学习成果和成长经历进行回顾和分析。这有助于学生更好地了解自己的优势和不足，提高自我认知水平。例如，在撰写自我评价与反思时，学生需要认真思考自己在学习过程中的表现，明确自己的进步和需要改进的地方，从而为未来的学习制订更加合理的目标和计划。

（2）增强学习动力　成长档案袋中的成果展示和积极评价能够让学生看到自己的努力和付出得到认可，从而激发学生的学习动力和成就感。当学生看到自己的作品被收集在档案袋中，并且随着时间的推移不断进步，他们会更加积极地投入到学习中，努力提升自己的能力和水平。

（3）培养反思习惯　定期对档案袋进行更新和反思，促使学生养成反思的习惯。学生在反思过程中，能够不断总结经验教训，调整学习策略，提高学习效率。例如，在完成一个项目后，学生可以将项目过程中的收获和遇到的问题记录在档案袋中，并思考下次如何做得更好，从而不断提升自己的实践能力和问题解决能力。

3. **促进多元主体参与评价**

（1）学生自评与互评　成长档案袋评价鼓励学生进行自评和互评。学生通过自评，能够更加深入地了解自己的学习情况和成长变化，提高自我管理和自我评估能力。同时，同学之间的互评可以促进学生之间的交流与学习，让学生从不同的角度了解自己的优点和不足，拓宽视野，共同进步。

（2）教师评价更全面　教师可以通过成长档案袋中的丰富材料，对学生进行更加全面、深入的评价。教师不仅可以看到学生的学习成果，还能了解学生的学习过程、努力程度、创新思维等方面的表现。这样的评价更加客观、准确，能够为学生提供更有针对性的指导和建议。

（3）家长与社会参与　在适当的情况下，成长档案袋可以向家长和社会展示学生的成长与进步，让家长更好地了解学生在学校的学习情况，增强家校合作。同时，也可以邀请企业、行业专家等社会人士参与评价，使评价更加多元化，更符合社会对人才的需求。

4. 为教学改进提供依据

（1）反馈教学效果　成长档案袋中的学生作品和评价结果可以为教师提供教学反馈，帮助教师了解教学效果和学生的学习需求。教师可以通过分析档案袋中的内容，发现教学中存在的问题和不足，及时调整教学内容和方法，提高教学质量。

（2）个性化教学指导　教师可以根据学生成长档案袋中的具体情况，为学生提供个性化的教学指导。针对不同学生的特点和需求，制订个性化的学习计划和发展建议，帮助学生更好地发挥自己的优势，弥补不足，实现个性化成长。

总之，成长档案袋在高职生成长评价中具有多方面的优势，能够为学生的成长和发展提供有力的支持，同时也有助于提高教学质量和促进教育教学改革。

（四）成长档案袋在高职生成长评价中的应用案例

案例一：服装设计专业

在某高职院校的服装设计专业中，教师为每位学生建立了成长档案袋。档案袋中包含了学生的服装设计作品，从最初的手绘草图到最终的成品展示，记录了学生在设计过程中的创意演变和技能提升。同时，还有学生参加各类服装设计比赛的获奖证书、实习期间的工作报告以及教师和同学的评价。

在评价过程中，教师不仅应关注学生的最终作品，还可以通过档案袋中的过程性材料，如草图修改记录、面料选择的思考等，了解学生的设计思维和解决问题的能力。同学之间也会互相查阅档案袋，分享设计经验和创意灵感。通过成长档案袋的应用，学生们更加明确自己的学习进步轨迹，也激发了他们不断努力提升专业水平的动力。

例如，有一位学生在大一的时候设计作品较为简单，创意也不够突出。但通过不断学习和实践，在大二和大三时，其作品在设计风格和制作工艺上都有了显著提升。教师通过对比该学生不同阶段的作品和记录，给予了针对性的评价和建议，帮助学生更好地发展自己的设计风格。

案例二：汽车维修专业

对于汽车维修专业的高职生，成长档案袋中主要包括学生在实训课程中的维修记录、故障诊断报告、参加汽车维修技能大赛的经历，以及考取的职业资格证书等。

教师通过档案袋可以清晰地看到学生在维修技能方面的成长过程。例如，从一开始对简单故障的处理到后来能够独立诊断和修复复杂问题，学生的实践能力逐步提高。同时，学生在实习期间的工作表现和企业导师的评价也被纳入档案袋中，为全面评价学生的专业能力和职业素养提供了依据。

在一次班级评价活动中，学生们通过展示自己的档案袋，互相交流维修经验和技巧。有的学生分享了自己在解决一个疑难故障时的思路和方法，给其他同学带来了启发。成长档案袋不仅成为了评价学生的工具，也成为了学生之间学习交流的平台。

案例三：酒店管理专业

在酒店管理专业中，成长档案袋涵盖了学生在酒店实习期间的工作日记、服务案例分析、客人满意度调查结果，以及参加酒店服务技能培训的证书等。

教师通过档案袋中的内容可以了解学生在实际工作中的表现和成长。例如，一位学生在实习初期面对客人的投诉时有些不知所措，但通过不断学习和实践，逐渐掌握了有效的处理方法，客人满意度也得到了提高。教师在评价时，重点关注了学生在处理投诉过程中的反思和成长，给予了积极的评价和鼓励。

此外，学生们还会在档案袋中加入自己对酒店行业发展的观察和思考，以及未来的职业规划。这些内容不仅有助于学生自我认知和职业发展，也为教师提供了更多的评价角度。

上述案例表明，成长档案袋在高职生成长评价中具有重要的应用价值，能够全面、客观地记录学生的成长历程，促进学生的自我反思和发展，同时也为教师提供了更加丰富的评价依据。

二、在线评价平台的功能与优势

在高职生成长评价中，多元化评价工具的运用日益重要，而在线评价平台作为其中的关键手段之一，发挥着独特的作用。

（一）在线评价平台在高职生成长评价中的重要功能

1. 全面记录与管理学业成绩

课程成绩追踪：平台能够详细记录学生在各个课程中的考试成绩、平时作业成绩以及课堂表现成绩等。例如，在计算机编程课程中，学生的代码作业得分、期中期末考试成绩都会被准确录入平台。这使得学生和教师可以随时查看成绩变化趋势，了解学生在特定课程中的学习进展。

作业管理与评估：不仅可以记录作业的提交情况，还能对作业质量进行评估。教师可以在平台上布置作业，学生按时提交后，教师可以进行在线批改和评分，并给出具体的反馈意见。例如，在设计专业的手绘作业中，教师可以通过平台指出学生作品的优点和需要改进的地方，帮助学生提高专业技能。

考试安排与成绩查询：平台可以发布考试安排信息，让学生提前做好准备。考试结束后，学生能够及时在平台上查询自己的成绩，了解自己的学习成果。同时，平台还可以对成绩进行统计分析，如计算平均分、标准差等，为教师提供教学效果的参考。

2. **科学评估实践能力**

实习表现评价：对于学生的实习经历，平台提供了全面的评价功能。实习单位的指导教师和学校的带队教师可以在平台上对学生的工作态度、专业技能应用、解决问题的能力等方面进行评价。例如，在工程技术专业的实习中，实习单位可以评价学生在实际项目中的参与度、对工程规范的遵守情况以及与团队成员的协作能力。

项目实践成果评估：学生参与的各类项目实践，如科研项目、创新创业项目等，可以在平台上展示成果。教师和同学可以对项目的创新性、实用性和团队协作情况进行评价。例如，在软件开发项目中，团队可以将项目代码、文档和演示视频上传到平台，接受来自各方的评价，从而不断改进项目质量。

技能竞赛成绩记录：学生参加的各类专业技能竞赛成绩可以在平台上进行记录和展示。这不仅是对学生实践能力的认可，也为其他学生提供了学习的榜样。例如，在机械设计竞赛中获奖的学生，其成绩会激励更多同学积极参与竞赛，提高专业技能水平。

3. **综合考量综合素质**

品德修养评价：通过设置同学互评、教师评价和自我评估等方式，对学生的品德修养进行全面评价。平台可以提供评价问卷或表格，让评价者对学生的诚实守信、尊重他人、责任感等方面进行打分和评价。例如，在班级活动中，同学们可以根据彼此的表现进行品德修养评价，促进良好品德的养成。

沟通能力评估：评价学生的口头表达能力、书面表达能力以及与他人沟通合作的能力。可以通过课堂表现、小组讨论记录、演讲比赛等活动进行评价。例如，在商务谈判课程中，学生的沟通技巧和团队协作能力可以通过平台上的小组讨论记录和教师评价来衡量。

创新能力评价：鼓励学生在平台上展示自己的创新作品、项目报告等，由教师和同学进行评价和投票。平台为学生提供了展示创新成果的空间，激发学生的创新热情。例如，在艺术设计专业中，学生的创意作品可以在平台上获得更多的展示机会和反馈意见，促进创新思维的发展。

自我管理能力评价：学生可以在平台上制订学习计划、记录学习进度，教师可以据此评价学生的自我管理能力。平台可以提醒学生按时完成学习任务，帮助学生养成良好的自我管理习惯。例如，学生在平台上制订每周的学习计划，并记录实际完成情况，教师可以根据这些数据评价学生的自我管理能力和学习态度。

（二）在线评价平台在高职生成长评价中的独特优势

1. 提供客观全面的评价依据

在线评价平台整合了学业成绩、实践能力和综合素质等多个方面的评价指标，能够为学生的成长评价提供全面、客观的依据。与传统的单一评价方式相比，平台能够更准确地反映学生的实际能力和综合素质，避免了片面评价的局限性。

平台上的评价数据可以长期保存和跟踪，方便教师和学生随时查看历史评价记录，了解学生的成长轨迹。这有助于教师更好地指导学生的学习和发展，也为学生提供了自我反思和进步的依据。

2. 促进学生自主学习与反思

学生可以通过平台随时查看自己的成绩和评价结果，了解自己的学习进展和不足之处。这能促使学生更主动地反思自己的学习过程，以便调整学习策略，提高学习效果。例如，学生在看到自己的作业成绩不理想时，可以根据教师的反馈意见及时改进，提高作业质量。

平台上的自我评估功能让学生能够对自己的学习表现、实践能力和综合素质进行全面评价。这有助于培养学生的自我认知能力和自我管理能力，促进学生的自主学习和成长。

3. **增强师生互动与反馈**

学生可以在平台上向教师提问、请教问题，教师可以及时给予回复和指导。这种互动方式打破了时间和空间的限制，提高了师生之间的沟通效率。例如，学生在课后遇到学习问题时，可以随时在平台上向教师提问，教师可以在第一时间给予解答，帮助学生解决问题。

学生可以对教师的教学进行评价和反馈，提出自己的意见和建议。教师可以根据学生的反馈，改进教学方法和内容，提高教学质量。同时，教师也可以通过平台及时向学生反馈评价结果，给予学生鼓励和指导，提升学生的学习效率。

4. **推动多元化评价主体参与**

在线评价平台支持同学互评、教师评价、实习单位评价等多元化评价主体的参与。不同评价主体从不同角度对学生进行评价，能够更全面地反映学生的实际表现。例如，同学之间的互评可以促进学生之间的交流和学习，实习单位的评价则更能体现学生在实际工作中的能力和素质。

多元化的评价主体参与可以提高评价的公正性和客观性，避免单一评价主体的主观偏见。同时，也可以让学生更好地了解自己在不同环境中的表现，为学生的未来发展提供更有针对性的建议。

总之，在线评价平台在高职生成长评价中具有重要的功能和优势，能够为学生的成长和发展提供有力的支持。

（三）平台的评价指标与模块设置

1. **平台的评价指标**

平台的评价指标主要有以下几条。

（1）学业成绩指标

①课程考试成绩：这是传统的评价指标之一，反映学生对专业知识的掌握程度。平台可以记录学生在各课程中的考试成绩，并进行统计分析，以便学生

和教师了解学习进展。例如，在会计专业中，学生的财务会计、成本会计等课程的考试成绩会被详细记录在平台上，通过数据分析可以看出学生在不同专业课程上的学习情况。

②作业完成情况：包括作业的质量、按时提交率等。通过对作业的评价，可以了解学生的学习态度和对知识的理解运用能力。例如，计算机专业的学生在完成编程作业时，教师可以根据代码的规范性、功能实现的完整性等方面来评价作业质量。

③课堂表现：如出勤情况、参与课堂讨论的积极程度等。这些指标有助于评估学生的学习积极性和团队合作能力。在市场营销课程中，教师可以观察学生在课堂讨论中的表现，记录那些积极发言、提出有价值观点的学生。

（2）实践能力指标

①实习表现：对学生在实习期间的工作态度、专业技能应用、解决问题的能力等进行评价。可以由实习单位的指导教师和学校的带队教师共同评价。例如，酒店管理专业的学生在酒店实习时，实习单位的主管会根据学生的服务态度、处理客户投诉的能力等方面进行评价，学校带队教师则会关注学生在实习过程中的职业素养提升和专业技能运用情况。

②项目实践成果：对于学生参与的各类项目实践，如科研项目、创新创业项目等，评价其项目成果的创新性、实用性和团队协作情况。例如，电子工程专业的学生参与智能硬件开发项目，平台会综合考虑项目的技术难度、创新点以及团队成员之间的协作效率来进行评价。

③技能竞赛成绩：学生参加各类专业技能竞赛的获奖情况，是衡量学生实践能力和综合素质的重要指标。像机械制造专业的学生参加数控技能大赛，获得的奖项可以直接在平台上作为学生实践能力的有力证明。

（3）综合素质指标

①品德修养：包括诚实守信、尊重他人、责任心等方面的表现。可以通过

同学互评、教师评价和自我评估等方式进行评价。例如，在班级活动中，学生们可以互相观察彼此的行为表现，对同学的品德修养进行评价。

②沟通能力：评价学生的口头表达能力、书面表达能力以及与他人沟通合作的能力。例如，在小组项目中，学生的沟通协调能力对项目的成功至关重要。在商务英语专业的小组作业中，学生需要与小组成员进行沟通合作，完成模拟商务谈判，教师可以根据学生在这个过程中的表现来评价他们的沟通能力。

③创新能力：鼓励学生提出新的想法、尝试新的方法，对学生的创新思维和创新实践进行评价。可以通过学生的作品展示、项目报告等体现创新能力。例如，艺术设计专业的学生在完成作品时，可以展示自己独特的创意和设计理念，平台会对这些创新元素进行评价。

④自我管理能力：包括时间管理、学习计划执行情况等方面。具备良好自我管理能力的学生往往能够更好地安排自己的学习和生活，提高学习效率。例如，学生可以在平台上制订学习计划，并记录自己的执行情况，教师可以据此评价学生的自我管理能力。

2. 平台的模块设置

平台的模块设置主要有以下几个方面。

（1）成绩管理模块　记录学生的课程成绩、考试安排、成绩查询等功能。学生可以随时查看自己的成绩情况，了解自己在各课程中的学习表现。教师可以通过该模块上传成绩、进行成绩分析和反馈。例如，在学期末，教师将学生的各科成绩录入平台后，学生可以登录平台查看自己的成绩，并与以往学期的成绩进行对比，分析自己的学习进步情况。

（2）实践评价模块

①实习评价：提供实习单位评价、带队教师评价和学生自我评估的功能。学生可以在实习期间定期提交实习报告和心得体会，教师和实习单位可以对学生的实习表现进行评价和反馈。例如，汽车维修专业的学生在实习期间，每周

提交实习周报，记录自己在实习中的工作内容和收获，实习单位和带队教师会根据这些周报以及学生的实际工作表现进行评价。

②项目实践评价：用于学生上传项目实践成果、团队成员互评和教师评价。该模块可以促进学生在项目实践中的团队合作和交流，提高项目实践的质量。例如，软件设计专业的学生在完成一个软件开发项目后，将项目成果上传到平台，团队成员之间进行互评，教师也会对项目的技术难度、创新性等方面进行评价。

（3）综合素质评价模块

①品德修养评价：设置同学互评、教师评价和自我评估的问卷或评价表，对学生的品德修养进行全面评价。评价结果可以作为学生综合素质评价的重要依据。例如，在学期中，班级组织一次品德修养评价活动，学生通过平台填写互评问卷，教师也对学生的品德表现进行评价，最终综合得出学生的品德修养评价结果。

②沟通能力评价：通过课堂表现、小组讨论记录、演讲比赛等活动的评价，对学生的沟通能力进行评估。学生可以在平台上查看自己的沟通能力评价结果，了解自己的优势和不足，并有针对性地进行提高。例如，在公共关系课程中，学生的课堂发言、小组讨论表现以及参加演讲比赛的成绩都会被纳入沟通能力评价范围。

③创新能力评价：鼓励学生在平台上展示自己的创新作品、项目报告等，由教师和同学进行评价和投票。该模块可以激发学生的创新热情，提高学生的创新能力。例如，工业设计专业的学生在平台上展示自己的设计作品，其他学生和教师可以进行评价和投票，选出优秀的创新作品。

④自我管理能力评价：学生可以在平台上制订学习计划、记录学习进度，教师可以通过查看学生的学习计划和进度，对学生的自我管理能力进行评价和指导。例如，学生在学期初制订学习计划，每周在平台上记录自己的学习进度，教师可以根据学生的计划执行情况评价他们的自我管理能力。

（四）学生与教师在平台上的互动与反馈

1. 学生的互动与反馈

学生在平台上的互动与反馈主要有以下几点。

（1）自我评估与反思　学生可以通过平台进行自我评估，对自己的学习成绩、实践能力和综合素质进行分析和反思。在自我评估的过程中，学生可以更好地了解自己的优势和不足，明确自己的努力方向。例如，护理专业的学生在完成一个学期的学习后，通过平台对自己的理论知识掌握程度、临床实践技能以及沟通能力等方面进行自我评估，发现自己在某些方面的不足，从而制订针对性的学习计划。

学生可以在平台上撰写学习心得、实习体会等，与其他同学分享自己的成长经验。通过分享和交流，学生可以从他人的经验中学习，拓宽自己的视野。例如，旅游管理专业的学生在实习结束后，在平台上分享自己在实习中的收获和遇到的问题，其他同学可以从中吸取经验教训，为自己的实习做好准备。

（2）与教师的互动　学生可以在平台上向教师提问、请教问题，教师可以及时给予回复和指导。这种互动方式可以帮助学生解决学习中遇到的困难，提高学习效果。例如，建筑工程专业的学生在学习过程中遇到一个复杂的结构设计问题，可以在平台上向教师提问，教师通过平台给予详细的解答和指导。

学生可以对教师的教学进行评价和反馈，提出自己的意见和建议。教师可以根据学生的反馈，改进教学方法和内容，提高教学质量。例如，在学期末，学生在平台上对教师的教学进行评价，提出希望教师在教学中增加更多实际案例分析的建议，教师可以根据这些反馈调整教学计划。

（3）与同学的互动　学生可以在平台上查看其他同学的作品、项目报告等，进行互评和交流。同学之间的互评可以促进学生之间的学习和交流，提高学生的评价能力和团队合作能力。例如，动漫设计专业的学生在平台上展示自己的动画作品，其他同学可以进行评价和提出改进建议，学生可以根据这些建议完善自己的作品。

学生可以参加平台上的讨论区、论坛等活动，与其他同学就学习、生活等方面的问题进行交流和讨论。这种互动方式可以增强学生之间的联系和友谊，营造良好的学习氛围。例如，在英语学习论坛上，学生们可以交流学习英语的方法和经验，互相鼓励和支持。

2. 教师的互动与反馈

（1）评价与反馈　教师可以通过平台对学生的学习成绩、实践能力和综合素质进行评价和反馈。评价结果可以以分数、等级、评语等形式呈现，让学生清楚地了解自己的学习表现。例如，教师在评价学生的课程作业时，可以给出具体的分数和评语，指出学生作业中的优点和不足之处，帮助学生提高作业质量。

教师可以在评价中提出具体的建议和改进措施，帮助学生提高学习效果和综合素质。例如，对于学习成绩不理想的学生，教师可以建议他们加强薄弱环节的学习；对于实践能力不足的学生，教师可以推荐相关的实践活动或项目。

（2）教学指导与交流　教师可以在平台上发布教学资源、学习任务、通知等信息，指导学生的学习。学生可以根据教师的指导，合理安排自己的学习时间和任务，提高学习效率。例如，教师在平台上发布一些在线学习资源和课程拓展资料，供学生自主学习。

教师可以在平台上与其他教师进行交流和讨论，分享教学经验和教学资源。这种交流方式可以促进教师之间的合作和共同进步，提高教学质量。例如，教师们可以在平台上分享自己在教学中采用的创新教学方法和成功案例，互相学习和借鉴。

总之，在线评价平台在高职生成长评价中具有重要的功能和优势。通过合理设置评价指标和模块，加强学生与教师之间的互动与反馈，并结合实际应用实例，可以更加全面、客观地评价学生的成长情况，为学生的发展提供有力的支持。

三、360度评价的实施与效果

在高职生成长评价中，多元化评价工具的运用至关重要，而“360度评价”作为其中一种极具价值的手段，正发挥着独特的作用。

（一）360度评价的组织与协调

1. 确定评价主体

（1）学生本人　高职生对自己的学习、生活和成长有着最直接的感受和认知。他们通过自我评估，能够反思自己的优点和不足，明确自己的发展方向。例如，学生可以对自己的学习态度、专业技能掌握程度、团队合作能力等方面进行评价，为自己设定合理的成长目标。

（2）教师　教师作为专业教育者，能够从专业知识、学习能力、实践技能等方面对学生进行全面评价。他们可以根据学生在课堂表现、作业完成情况、考试成绩以及实践活动中的表现，给予客观的评价和建议。例如，在机械制造专业中，教师可以评价学生的机械制图能力、机床操作技能以及创新设计思维。

（3）同学　同学之间在日常学习和生活中相处时间较长，能够从合作能力、沟通能力、人际关系等方面进行评价。同学互评可以促进学生之间的交流与学习，让学生从不同角度了解自己的优点和不足。例如，在小组项目中，同学们可以互相评价彼此的团队协作精神、工作效率和贡献程度。

（4）家长　家长对学生的性格特点、学习习惯和生活态度等方面有着很深的了解。他们的评价可以为学生的成长评价提供家庭视角的参考。例如，家长可以评价学生在家中的学习自律性、责任感以及与家人的沟通情况。

（5）实习单位指导教师　对于参加实习的高职生来说，实习单位指导教师能够从职业素养、工作能力、适应能力等方面进行评价。他们的评价可以反映学生在实际工作中的表现，为学生的职业发展提供指导。例如，在酒店实习的学生，实习单位指导教师可以评价他们的服务意识、沟通技巧和应急处理能力。

2. 设计评价指标体系

（1）学业成绩　包括课程考试成绩、作业完成情况、课堂参与度等。这是评价学生学习成果的重要指标，能够反映学生对专业知识的掌握程度。例如，在计算机专业中，课程考试成绩可以体现学生对编程语言、数据库管理等知识的理解和应用能力。

（2）实践能力　涵盖实习表现、项目实践成果、技能竞赛成绩等。实践能力是高职生培养的重点，评价学生的实践能力可以检验他们将理论知识应用于实际的能力。例如，在电子工程专业中，学生参与电子设计项目的成果可以反映他们的电路设计、焊接技术和问题解决能力。

（3）综合素质　包含品德修养、沟通能力、创新能力、团队合作能力等。综合素质评价能够全面衡量学生的综合素养，为学生的未来发展奠定基础。例如，在市场营销专业中，学生的沟通能力和团队合作能力对于开展市场调研、制订营销策略等工作至关重要。

3. 组织评价实施

（1）培训评价者　在进行360度评价之前，需要对评价者进行培训，让他们了解评价的目的、方法和标准。培训可以提高评价者的评价能力和客观性，确保评价结果的准确性和可靠性。例如，为教师和实习单位指导教师提供评价标准解读和评价技巧培训，让他们能够更好地对学生进行评价。

（2）确定评价时间和方式　根据评价目的和评价主体的特点，确定合适的评价时间和方式。评价时间可以选择在学期中、学期末或实习结束后等节点，评价方式可以采用问卷调查、面谈、在线评价等形式。例如，对于学生的自我评估和同学互评，可以采用在线评价的方式，方便快捷；对于教师和实习单位指导教师的评价，可以采用面谈或问卷调查的方式，以便深入了解学生的表现。

（3）收集评价数据　按照确定的评价时间和方式，收集各评价主体的评价数据。在收集数据过程中，要确保数据的真实性和完整性。例如，可以设置数据验证机制，对异常数据进行核实和处理。

4. 协调评价过程中的问题

（1）沟通与反馈　在评价过程中，要保持各评价主体之间的沟通与反馈。及时解答评价者的疑问，处理评价过程中出现的问题。例如，如果学生对教师的评价结果有异议，可以通过沟通渠道进行反馈，教师可以根据学生的反馈进行解释和调整。

（2）数据保密　确保评价数据的保密性，保护评价者和被评价者的隐私。例如，采用加密技术对评价数据进行存储和传输，限制数据访问权限，防止数据泄露。

（3）争议处理　对于评价结果存在较大争议的情况，要建立争议处理机制。可以组织相关人员进行讨论和协商，重新审视评价过程和评价结果，确保评价的公正性和客观性。例如，如果学生认为同学的评价不公正，可以向教师或评价组织者提出申诉，由他们进行调查和处理。

（二）评价结果的综合分析与应用

以下是关于如何对高职生成长评价中的360度评价结果进行综合分析和应用的方法。

1. 评价结果的综合分析

（1）数据整理与统计

①对来自不同评价主体的评价数据进行分类整理：例如，将学业成绩相关的数据归为一类，实践能力和综合素质的数据分别归类。

②针对每一类数据，计算各项具体指标的平均分、中位数、标准差等统计

量：例如，对于学业成绩类，计算课程考试成绩的平均分、不同课程作业完成情况的优良率等。对于实践能力类，统计实习表现的各项指标得分情况，如工作态度、专业技能应用、解决问题能力等的平均得分。

③根据评价指标体系中各项指标的权重，采用加权平均等方法计算综合得分：例如，如果学业成绩占40%权重，实践能力占30%权重，综合素质占30%权重，那么根据各项具体指标得分和权重计算出学生的最终综合得分。

（2）对比分析

①将学生的评价结果与班级平均水平进行对比：可以直观地看出学生在班级中的位置，了解学生在各个方面相对于班级整体的优势和不足。例如，如果学生的实践能力得分低于班级平均水平，就说明该学生在实践方面需要加强。

②与优秀学生标准进行对比：确定优秀学生在各项指标上的得分范围或标准，将待分析学生的结果与之对比，找出差距。例如，在沟通能力方面，优秀学生的评价得分较高，如果该学生得分较低，就需要明确该学生在沟通能力上与优秀学生的差距具体在哪里。

③进行个体自身的纵向对比：对比学生在不同阶段的评价结果，观察其成长变化情况。例如，对比学生在大一和大二两个学期的综合得分及各项具体指标得分，看其在学业成绩、实践能力和综合素质等方面是否有进步。

（3）趋势分析

①绘制学生在多个评价周期内的评价结果变化曲线：例如，以学期为单位，绘制学生的综合得分变化曲线，观察其整体发展趋势是上升、下降还是波动。

②针对具体指标进行趋势分析：例如，观察学生在创新能力指标上的得分，随时间的变化判断学生的创新能力是在逐步提高、保持稳定还是有所下降。如果发现学生在某个指标上的发展趋势不佳，可以及时采取措施进行干预。

2. 评价结果的应用

（1）学生个人发展　将评价结果详细反馈给学生，让学生清楚地了解自己在各个方面的表现。例如，通过书面报告或一对一的面谈，向学生解释各项指标的得分情况和综合评价结果，帮助学生认识自己的优势和不足。

学生根据评价结果制订个性化的个人发展计划。针对自己的薄弱环节，设定具体的目标和行动计划。例如，如果学生在团队合作能力方面得分较低，可以计划参加团队建设活动、主动承担小组项目中的协调工作等，以提高自己的团队合作能力。

鼓励学生进行自我反思和自我调整。引导学生思考自己在学习和成长过程中的问题，调整学习方法和态度，不断提升自己。例如，学生在看到自己的评价结果后，反思自己在学习上的不足，调整学习时间分配，加强对薄弱课程的学习。

（2）教学改进　教师根据评价结果了解学生的学习需求和教学中存在的问题。例如，如果多个学生在某一课程的考试成绩普遍较低，说明该课程的教学可能存在问题，教师可以反思教学方法、教学内容的难度等方面是否需要调整。

调整教学内容和方法。针对学生在实践能力方面的不足，教师可以增加实践教学环节的比重，引入实际案例进行教学，提高学生的动手能力和解决实际问题的能力。如果学生在沟通能力方面有待提高，教师可以在课堂上增加小组讨论、演讲等活动，锻炼学生的沟通表达能力。

为学生提供个性化的学习指导。根据学生的评价结果，教师可以对不同学生提供有针对性的学习建议和辅导。例如，对于学习困难的学生，教师可以给予更多的关注和指导，帮助他们克服学习障碍。

（3）学校管理决策　学校管理者可以根据评价结果了解学生的整体发展情况和教学质量。例如，通过分析全校学生的综合评价结果，了解学校在人才培养方面的优势和不足，为学校的发展规划提供依据。

为学校的专业设置、课程改革、师资队伍建设等提供决策依据。如果某个专业的学生在就业竞争力方面表现不佳，学校可以考虑调整该专业的课程设置，加强与企业的合作，提高学生的实践能力和职业素养。同时，根据教师在评价中的表现，有针对性地进行师资培训，提高教师的教学水平。

建立评价结果反馈机制，持续改进学校的教育教学管理。学校可以定期对评价结果进行分析和总结，将改进措施落实到具体的管理工作中，不断提高学校的教育教学质量。

（三）成功运用360度评价结果的高职生成长评价案例

案例一：酒店管理专业

在某高职院校的酒店管理专业中，对学生进行了360度评价。评价主体包括学生本人、任课教师、实习酒店的指导师傅、同学和家长。

在综合分析评价结果时发现，有一位学生在自我评估中认为自己的沟通能力较强，但教师和实习指导师傅的评价显示其在与客人沟通时有时不够耐心，同学也反映该学生在小组作业中沟通方式较为强势。通过对比分析，明确了该学生在沟通能力方面存在的具体问题。

针对这一结果，学校为该学生制订了个性化的发展计划。一方面，安排专业教师对其进行沟通技巧的辅导，包括如何倾听客人需求、如何用恰当的语言表达自己等。另一方面，在实习安排中，特意让其多参与前台接待等需要频繁与客人沟通的岗位，以锻炼其沟通能力。经过一段时间的努力，该学生在沟通能力方面有了显著提升，在后续的评价中得到了较高的分数。

在教学改进方面，教师根据学生们普遍存在的问题，如服务意识不够强、团队协作能力有待提高等，调整了教学内容。增加了服务心理学、团队建设等课程内容，并在课堂上组织更多的小组项目，培养学生的团队合作精神。同时，学校与实习酒店加强合作，共同开展培训活动，提高学生的职业素养。

案例二：计算机应用技术专业

对于计算机应用技术专业的学生，360度评价涵盖了专业课程成绩、项目实践表现、同学合作情况、教师评价以及家长对学生学习态度的反馈等方面。

有一名学生在专业课程考试中成绩优秀，但在同学互评中被指出在小组项目中缺乏团队合作精神，不愿意分享自己的知识和经验。通过趋势分析发现，该学生在多个项目中都存在类似问题。

学校针对此情况，安排辅导员与该学生进行谈话，引导其认识到团队合作的重要性。同时，在后续的项目实践中，教师特意将该学生分配到不同的小组，并要求小组制订明确的合作规则。经过一段时间的调整，该学生逐渐改变了自己的行为，学会了与同学合作，共同完成项目任务。

在教学方面，教师根据评价结果调整了项目实践的考核方式，加大了团队合作部分的比重，鼓励学生积极参与团队合作。同时，学校还组织了一些技术分享会和团队建设活动，营造良好的学习氛围。

案例三：汽车维修专业

在汽车维修专业中，360度评价包括学生的理论知识掌握程度、实际操作技能、实习表现、同学之间的协作以及家长对学生职业规划的看法等。

有一位学生在实习单位表现出色，得到了实习指导教师的高度评价，在学业成绩方面却不太理想。通过综合分析发现，该学生在理论学习上不够扎实，但在实际操作中动手能力很强。

学校根据评价结果，为该学生安排了专门的辅导教师，帮助其加强理论知识的学习。同时，在实习安排上，给予该学生更多的机会参与复杂的维修项目，发挥其实际操作能力强的优势。在后续的学习和实习中，该学生的理论成绩逐渐提高，整体表现也更加出色。

在专业教学中，教师根据学生们在理论和实践方面的不同表现，调整了教学方法。对于理论学习困难的学生，采用案例教学、小组讨论等方式，提高学生的学习兴趣和理解能力。对于实际操作能力较弱的学生，增加实训课程的时间和难度，加强技能训练。

第六章

高职院校大学生成长评价的实施流程与管理

高职生成长评价的实施流程与管理对于学生、学校和社会都具有重要意义。

对于学生个人而言，科学合理的成长评价能让高职生清晰地认识自己的优势与不足。通过明确的评价流程，学生可以了解自己在专业知识、实践技能、综合素质等方面的具体表现，从而有针对性地进行自我提升。例如，在评价中发现自己沟通能力较弱，学生可以通过积极参加社团活动或演讲比赛来锻炼自己。同时，成长评价也为学生提供了努力的方向和目标，激励他们不断进取，为未来的职业发展打下坚实的基础。

对学校来说，规范的实施流程与管理有助于提高教学质量。学校可以根据评价结果及时调整教学计划、课程设置和教学方法，使教育教学更加符合学生的实际需求。例如，如果评价显示学生在某一专业课程的实践操作能力不足，学校可以增加实践教学的比重，或者邀请企业专家进行现场指导。此外，成长评价还能促进学校师资队伍的建设，教师通过评价反馈了解教学效果，不断提升自己的教学水平。

从社会层面来看，高职生成长评价有助于为社会输送高质量的应用型人才。通过科学的评价体系，学校能够培养出具有扎实专业技能、良好职业道德和创新精神的高职生，满足社会对各类技术人才的需求。同时，企业也可以依据学校的成长评价结果更准确地选拔人才，提高人才招聘的效率和质量，实现学校与企业的无缝对接。

高职生成长评价的实施流程与管理主要包括了评价计划的制订、评价数据的收集与整理、评价结果的分析与反馈、评价结果的应用与改进等四个方面。

第一节　评价计划的制订

在高职生成长评价的实施流程与管理中，评价计划的制订至关重要，而其中明确评价目标与任务更是关键的一环。

一、明确评价的目标与任务

（一）学校层面的评价目标设定

学校作为高职生成长的重要场所，其评价目标的设定直接关系到学生的全面发展和学校的教育质量。

学校层面的高职生成长评价目标设定应遵循以下原则。

1. 全面性原则

评价目标要涵盖学生成长的各个方面，不能仅仅局限于专业知识和技能。既要关注学生的学业成绩，也要重视学生的思想品德、身体素质、心理素质、创新能力、实践能力等综合素质的发展。例如，在评价体系中纳入学生参加志愿者活动、体育比赛、艺术表演等方面的表现，全面反映学生的成长轨迹。

2. 发展性原则

评价目标应着眼于学生的未来发展，而不是仅仅关注当前的表现。要以发展的眼光看待学生，鼓励学生不断进步和成长。学校可以为学生建立成长档案，记录学生在不同阶段的表现和进步，为学生提供个性化的发展建议。同时，评价目标要具有一定的前瞻性，引导学生适应社会发展的需求，培养学生的可持续发展能力。

3. **客观性原则**

评价目标的设定要客观公正，避免主观因素的干扰。评价标准要明确、具体、可量化，使评价结果具有可信度和权威性。学校可以邀请行业专家、企业代表等参与评价标准的制订，确保评价目标与社会需求和行业标准相符合。同时，要建立健全评价监督机制，对评价过程进行严格监督，确保评价结果的公正性。

4. **针对性原则**

评价目标要根据学校的办学定位、专业特色和学生的实际情况进行设定，具有针对性。不同学校的办学定位和专业特色不同，学生的需求和特点也各不相同。因此，评价目标要体现学校的特色和优势，满足学生的个性化发展需求。例如，以工科为主的高职院校可以将学生的工程实践能力作为重点评价目标，而以文科为主的高职院校则可以将学生的语言表达能力和人文素养作为重点评价目标。

5. **激励性原则**

评价目标的设定要具有激励性，能够激发学生的学习积极性和主动性。评价结果要及时反馈给学生，让学生了解自己的优势和不足，明确努力的方向。同时，学校要对表现优秀的学生进行表彰和奖励，对进步较大的学生进行鼓励和肯定，营造良好的学习氛围，促进学生共同成长。

（二）专业与课程层面的评价重点确定

专业与课程是高职生学习的核心内容，其评价重点的确定直接影响到学生的专业成长。

在专业层面，评价重点应包括专业知识掌握程度、专业技能熟练程度、专业实践能力等。专业知识掌握程度可以通过考试、作业、论文等方式进行评价；专业技能熟练程度可以通过实训操作、技能竞赛等方式进行考核；专业实践能力则可以通过实习、毕业设计等环节进行评估。例如，对于机械制造专业的学生，可以通过组织机床操作技能竞赛来检验学生的专业技能熟练程度；对于计算机专业的学生，可以通过毕业设计项目来评估学生的专业实践能力。

在课程层面，评价重点应根据不同课程的性质和特点确定。理论课程可以重点评价学生的知识理解和应用能力；实践课程可以重点评价学生的动手操作和问题解决能力；选修课程可以重点评价学生的兴趣拓展和综合素质提升。同时，课程评价还应关注教学方法的有效性、教学资源的丰富性等方面。例如，对于市场营销课程，可以通过案例分析、小组讨论等教学方法，培养学生的分析问题和解决问题的能力，并通过学生的课堂表现、作业完成情况等进行评价。

总之，在高职生成长评价中，明确评价目标与任务是制订评价计划的重要步骤。学校层面的评价目标设定应注重学生的专业技能、综合素质和可持续发展能力；专业与课程层面的评价重点确定应根据不同专业和课程的特点进行有针对性的评价。只有这样，才能确保高职生成长评价的科学性和有效性，为学生的成长和发展提供有力的支持。

二、确定评价主体与评价方法

在高职生成长评价的实施流程与管理中，评价计划的制订起着关键作用，而其中确定评价主体与方法更是至关重要的环节。

（一）评价主体的选择与分工

1. 教师评价

教师作为教育教学的实施者，对学生的学习情况有着较为全面的了解。他们可以通过课堂表现、作业完成情况、考试成绩等方面对学生进行评价。教师评价应注重客观性和专业性，以准确反映学生的学业水平和学习态度。例如，专业课程教师可以根据学生在课堂上的参与度、对专业知识的掌握程度以及实践操作能力进行评价，为学生的专业成长提供有针对性的建议。

2. **学生自评**

学生自评能够培养学生的自我认知和自我管理能力。学生通过对自己的学习过程、学习成果进行反思和评价，可以更好地了解自己的优势和不足，明确自己的发展方向。在自评过程中，学生可以从学习态度、学习方法、团队合作能力等方面进行评价，提高自我反思和自我调整的能力。例如，学生可以在每学期末对自己的学习目标完成情况进行总结，分析自己在学习中遇到的问题并找到解决方法。

3. **同学互评**

同学互评可以促进学生之间的交流与合作，培养学生的团队精神和批判性思维。同学们在相互评价的过程中，可以从不同的角度发现他人的优点和不足，学习他人的长处，改进自己的不足。例如，在小组项目中，学生可以对小组成员的贡献度、合作态度、沟通能力等进行评价，增强团队合作意识和协作能力。

4. **企业评价**

企业作为高职生的用人单位，对学生的职业素养和实践能力有着较高的要求。企业评价可以通过实习表现、项目完成情况等方面对学生进行评价，为学生的职业发展提供宝贵的建议。例如，企业导师可以根据学生在实习期间的工作态度、专业技能应用能力、团队协作能力等进行评价，帮助学生更好地适应职场环境。

各评价主体应明确分工，相互配合，共同为高职生的成长评价提供全面、客观的信息。教师主要负责学业成绩和专业能力的评价；学生自评和同学互评侧重于学习态度、团队合作等方面的评价；企业评价则重点关注学生的职业素养和实践能力。

（二）不同评价方法的组合与运用

1. **评价方法的组合**

（1）考试与测验　考试与测验是传统的评价方法，主要用于评价学生对知识的掌握程度。可以采用笔试、口试、操作考试等形式，对学生的专业知识和技能进行考核。例如，在专业课程结束后，可以进行理论考试和实践操作考试，以检验学生的学习成果。

（2）作业与项目　作业与项目可以评价学生的学习态度、创新能力和实践能力。教师可以布置各种类型的作业和项目，如论文、报告、设计作品等，让学生在完成任务的过程中展示自己的能力。例如，在市场营销课程中，可以让学生完成一份市场调研报告，以评价学生的市场分析能力和营销策划能力。

（3）观察与访谈　观察与访谈可以了解学生的学习过程和行为表现。教师可以通过课堂观察、实习指导等方式，观察学生的学习态度、参与度、团队合作能力等；同时，可以通过访谈学生、家长、企业导师等，获取更多关于学生成长的信息。例如，在实习期间，教师可以通过观察学生的工作表现，与企业导师进行访谈，了解学生的职业素养和实践能力。

（4）档案袋评价　档案袋评价是一种综合性的评价方法，通过收集学生在学习过程中的各种作品、作业、考试成绩、获奖证书等，全面记录学生的成长历程。档案袋评价可以让学生看到自己的进步和成就，激发学生的学习积极性和自信心。例如，学生可以建立自己的电子档案袋，将自己的优秀作品、实习报告、获奖证书等上传到档案袋中，随时查看自己的成长轨迹。

2. **评价方法的运用**

在制订高职生成长评价计划时，选择合适的评价方法可以从以下几个方面考虑。

（1）根据评价目标选择　不同的评价目标需要不同的评价方法。如果评价目标是考查学生对专业知识的掌握程度，那么考试、测验等方法可能较为合适。例如，通过闭卷考试可以检测学生对理论知识的记忆和理解；开卷考试则可以考查学生运用知识分析问题和解决问题的能力。如果评价目标是评估学生的实践能力，那么作业与项目、观察等方法更为有效。例如，让学生完成一个实际的工程项目设计，或者在实习过程中观察学生的操作技能和问题解决能力。

（2）结合评价内容特点　评价内容的性质和特点也会影响评价方法的选择。对于理论性较强的内容，可以采用笔试、论文等方法。例如，在哲学、经济学等课程中，可以要求学生撰写论文，以评价他们的思维能力和理论分析水平。对于实践性强的内容，如实验课、实习等，应采用观察、操作考试等方法。例如，在化学实验课上，通过观察学生的实验操作过程和实验结果来评价他们的实验技能。对于综合素质方面的评价，如团队合作能力、沟通能力等，可以采用同学互评、教师观察、小组项目等方法。例如，在小组作业中，通过小组成员之间的互评和教师对小组整体表现的观察来评价学生的团队合作能力。

（3）考虑学生特点　学生的学习风格、能力水平和个性特点也是选择评价方法的重要因素。不同的学生可能对不同的评价方法有不同的适应程度。对于学习积极主动、善于表达的学生，口试、演讲等方法可以充分展示他们的能力；对于较为内向的学生，笔试、作业等方法可能更能让他们发挥出自己的水平。同时，要考虑学生的能力差异，为不同层次的学生提供适合他们的评价方法。例如，对于学习困难的学生，可以采用更加简单直观的评价方法，如完成一些基础的作业任务或进行简单的实践操作；对于学习优秀的学生，可以设置一些具有挑战性的评价项目，如参加学科竞赛、开展科研项目等。

（4）参考教学资源和条件　教学资源和条件也会限制评价方法的选择。如果学校具备先进的实验设备和实习基地，那么可以更多地采用实践操作考试、实习评价等方法。如果教学资源有限，可以选择一些成本较低、易于实施的评价方法，如作业、小测验等。此外，还要考虑评价方法的可行性和可操作性。例如，大规模的口试可能需要较多的时间和人力，不太适合学生人数较多的情况；而在线测试则可以方便快捷地对学生进行评价，但需要保证网络和技术设备的稳定性。

（5）多种方法结合使用　为了提高评价的全面性和准确性，通常可以结合多种评价方法。不同的评价方法可以相互补充，从不同角度反映学生的成长情况。例如，可以将考试与作业相结合，既考查学生对知识的掌握程度，又评价他们的学习态度和努力程度；将教师评价与学生自评、同学互评相结合，使评价更加客观公正；将档案袋评价与观察、访谈相结合，全面记录学生的成长历程。通过多种方法的组合运用，可以为高职生成长评价提供更加丰富和全面的信息。

总之，在高职生成长评价中，确定评价主体与方法是评价计划制订的重要环节。通过选择合适的评价主体，明确分工，组合运用不同的评价方法，可以为高职生的成长提供全面、客观、科学的评价，促进高职生的全面发展。

三、制订评价时间表与进度安排

在高职生成长评价的实施流程与管理中，评价计划的制订至关重要，而其中制订评价时间表与进度安排更是确保评价工作有序进行的关键环节。

（一）评价工作的时间节点规划

1. 学期初

在新学期开始的第一周，教师向学生明确本学期的成长评价目标和要求，让学生对整个学期的评价有清晰的认识。

学生根据教师的要求，制订个人学习计划和成长目标，为自己的学习和发展明确方向。

2. 课程学习阶段

定期进行小测验和作业检查，例如，每两周进行一次小测验，检查学生对阶段性知识的掌握情况；每月检查一次作业，评估学生的学习态度和努力程度。

课堂表现观察贯穿整个课程学习过程，教师随时记录学生的课堂参与度、提问情况、小组讨论表现等，作为评价学生综合素质的重要依据。

3. 期中阶段

进行期中考试，全面检测学生对前半学期所学知识的掌握程度和应用能力。

组织学生进行期中自评和同学互评，让学生反思自己前半学期的学习情况，同时从同学的角度了解自己的优点和不足。

4. 实践教学阶段

对于有实践教学环节的课程，在实践教学开始前，明确实践教学的评价标准和要求，让学生清楚知道在实践中需要达到的目标。

在实践教学过程中，定期进行实践成果检查和评价，如每周进行一次实践进度汇报，确保学生按计划完成实践任务。

实践教学结束后，及时进行实践教学的总结评价，包括学生的实践报告、实践成果展示、教师评价和企业导师评价等。

5. 期末阶段

进行期末考试，对学生整个学期的学习成果进行全面考核。

完成学生的综合评价，包括学业成绩、实践能力、综合素质等方面的评价，并将评价结果及时反馈给学生和家长。

（二）制订评价时间表及进度安排应考虑的因素

在制订高职生成长评价时间表与进度安排时，需要考虑以下因素。

1. 教学计划与课程安排

教学计划规定了课程的开设顺序、教学进度和时间分配。在制订评价时间表时，应紧密结合教学计划，确保评价活动与教学进度相匹配。例如，在课程的不同阶段安排相应的小测验、作业检查和项目评估，以检验学生对知识的掌握程度和应用能力。同时，要考虑课程的难易程度和教学时长，合理分配评价时间，避免评价过于集中或分散。

2. 学生学习特点和能力水平

不同的高职生在学习速度、学习方式和能力水平上存在差异。在制订时间表时，要充分考虑学生的特点，给予他们足够的时间进行学习和准备评价。对于学习困难的学生，可以适当延长作业完成时间或增加辅导环节，以确保他们能够跟上评价进度。同时，要考虑学生的课外活动和实习安排，避免评价时间与这些活动冲突，影响学生的参与度和评价效果。

3. 评价方法的复杂性

不同的评价方法所需的时间和资源不同。例如，考试和测验通常可以在较短的时间内完成，而项目评估、实践操作考核和档案袋评价可能需要较长的时间。在制订时间表时，要考虑评价方法的复杂性，合理安排时间，确保评价工作能够顺利进行。同时，要为教师和学生提供足够的时间进行评价准备和反馈，以提高评价的质量和效果。

4. 学校教学资源和管理要求

学校的教学资源和管理要求也会影响评价时间表的制订。例如，学校的考试安排、实验室使用规定和教师工作量分配等都会对评价时间产生影响。在制订时间表时，要充分考虑学校的教学资源和管理要求，合理安排评价时间，确保评价工作能够在学校的管理框架内顺利进行。同时，要与学校的教学管理部门和相关部门进行沟通协调，确保评价时间表与学校的整体教学安排相协调。

5. 外部因素的影响

外部因素如节假日、重大活动和突发事件等也可能会影响评价时间表的制订。在制订时间表时，要充分考虑这些外部因素的影响，合理安排评价时间，避免评价工作受到不必要的干扰。例如，在节假日前后可以适当减少评价活动，让学生有足够的时间休息和调整；在重大活动期间可以灵活调整评价时间，确保学生能够参与活动的同时不影响评价进度。

总之，在制订高职生成长评价时间表与进度安排时，需要综合考虑教学计划、学生特点、评价方法、学校资源和外部因素等多方面的因素，以确保评价工作能够科学、合理、有效地进行。

（三）进度监控与调整机制

1. 建立进度监控体系

教师定期检查学生的学习进度和评价工作的进展情况，如每周检查一次学生的作业完成情况和小测验成绩，每月进行一次评价工作进度汇报。

学校教学管理部门对教师的评价工作进行监督和检查，确保评价工作按照计划进行。可以通过抽查教师的评价记录、组织学生座谈会等方式，了解评价工作的实际情况。

2. 及时发现问题并调整进度

如果在进度监控过程中发现问题，如学生学习进度滞后、评价工作进展缓慢等，要及时分析原因，并采取相应的措施进行调整。

对于学生学习进度滞后的情况，可以通过个别辅导、增加学习资源等方式帮助学生赶上进度；对于评价工作进展缓慢的情况，可以调整评价方法或增加评价人员，以提高评价工作的效率。

3. 灵活应对突发情况

在评价工作过程中，可能会遇到一些突发情况，如教师生病、学生参加竞赛等，这些情况可能会影响评价工作的进度。因此，需要建立灵活的调整机制，能够及时应对突发情况，确保评价工作不受太大影响。

例如，如果教师生病无法进行教学和评价工作，可以安排其他教师代课或调整教学计划；如果学生参加竞赛需要占用一定的学习时间，可以在评价中适当考虑学生的竞赛成绩和表现。

总之，制订评价时间表与进度安排是高职生成长评价计划制订的重要组成部分。通过合理规划评价工作的时间节点，建立进度监控与调整机制，可以确保评价工作有序进行，为高职生的成长和发展提供科学、客观、全面的评价。

第二节　评价数据的收集与整理

一、数据收集的渠道与方法

在高职生成长评价的实施流程与管理中，评价数据的收集与整理是至关重要的环节。其中，明确数据收集的渠道与方法对于全面、准确地评价高职生的成长至关重要。

（一）课堂表现与作业成绩的收集

1. 课堂观察

教师在课堂上可以通过观察学生的参与度、注意力、提问与回答问题的积极性等方面来评价学生的课堂表现。可以制订课堂表现评价表，记录学生的具体表现情况，如是否主动参与讨论、是否认真听讲、是否积极回答问题等。同时，教师还可以观察学生的团队合作能力，在小组活动中观察学生的协作情况、沟通能力和领导能力等。

2. 作业成绩

作业是检验学生对知识掌握程度的重要方式之一。教师可以通过布置各种类型的作业，如书面作业、实践作业、小组作业等，来收集学生的学习成果。对于书面作业，可以根据作业的完成情况、准确性、规范性等方面进行评分；对于实践作业，可以根据学生的操作技能、问题解决能力、创新能力等方面进行评价；对于小组作业，可以根据小组成员的分工合作情况、成果质量等方面进行综合评价。

3. **课堂互动平台**

利用现代信息技术，建立课堂互动平台，如在线讨论区、投票系统等，可以收集学生在课堂上的互动数据。教师可以通过平台了解学生的参与度、观点表达能力和思维活跃度等。同时，学生也可以通过平台进行自我评价和相互评价，提高评价的全面性和客观性。

在制订课堂表现评价表时，需要注意以下细节。

（1）明确评价指标

①参与度：包括提问、回答问题、参与讨论的频率和质量。例如，可以设置“积极主动提问并能提出有深度的问题”“经常参与讨论且观点有价值”等具体指标。

②注意力：观察学生在课堂上是否专注听讲，是否容易分心。可细化为“整堂课保持高度注意力”“偶尔分心但能迅速调整”等具体指标。

③团队合作：考量学生在小组活动中的协作能力、沟通能力和分工合作情况。如“在小组中能积极承担任务，与成员配合默契”“善于倾听他人意见，共同解决问题”等具体指标。

④表达能力：评估学生的口头表达和书面表达能力。可以有“发言清晰流畅，逻辑严密”“书面作业表达准确，条理清晰”等具体指标。

（2）设定合理权重

根据各项指标的重要性，为不同的评价指标分配合理的权重。例如，如果认为参与度和团队合作在课堂表现中更为重要，可以适当提高这两项指标的权重。同时，要确保权重分配能够全面反映学生的课堂表现，避免过于偏重某一方面。

（3）具体可操作的评价标准

对于每个评价指标，都要制订具体、可操作的评价标准。例如，对于“积极主动提问并能提出有深度的问题”这一指标，可以进一步明确“一学期内主动提问不少于5次，问题具有一定的思考深度和启发性”为优秀等级的标准；“一学期内主动提问3~4次，问题有一定价值”为良好等级的标准等。这样可以使教师在评价时有明确的依据，避免主观随意性。

（4）区分不同等级

设置多个评价等级，如优秀、良好、中等、及格和不及格等，以便对学生的课堂表现进行区分。每个等级都要有明确的界定和描述，让学生清楚地知道自己处于哪个等级，以及如何努力提高自己的表现。

（5）定期反馈与沟通

评价表不应只是单向的评价工具，还应成为教师与学生沟通的桥梁。教师可以定期根据评价表的结果与学生进行反馈和沟通，让学生了解自己的优点和不足，共同制订改进计划。同时，学生也可以对评价结果提出自己的看法和建议，促进评价的不断完善。

（6）简洁明了的格式

评价表的设计要简洁明了，易于填写和阅读。避免使用过于复杂的语言和表格结构，以免给教师和学生带来不必要的负担。可以采用勾选、打分等简单的评价方式，提高评价的效率。

以下是一份《高职生课堂表现评价表》模板。

高职生课堂表现评价表

学生姓名:__________ 班级:__________ 课程名称:__________

一、参与度（30分）

1. 主动提问（10分）

· 经常主动提问且问题有深度（8~10分）

· 偶尔主动提问，问题有一定价值（4~7分）

· 很少提问（1~3分）

2. 参与讨论（10分）

· 积极参与讨论，观点有建设性（8~10分）

· 较积极参与讨论，表达有一定观点（4~7分）

· 参与讨论不积极（1~3分）

3. 课堂互动（10分）

· 频繁与教师和同学互动（8~10分）

· 有时互动（4~7分）

· 几乎不互动（1~3分）

二、注意力（20分）

1. 专注听讲（10分）

· 整堂课高度专注，无分心行为（8~10分）

· 大部分时间专注，偶尔分心（4~7分）

· 经常分心（1~3分）

2. 跟随教学进度（10分）

· 始终能跟上教学进度，反应迅速（8~10分）

· 基本能跟上进度（4~7分）

· 难以跟上进度（1~3分）

三、团队合作（25分）

1. 小组任务承担（10分）

· 积极主动承担任务，认真负责（8~10分）

· 能承担一定任务（4~7分）

· 很少承担任务（1~3分）

2. 沟通协作（10分）

· 与小组成员沟通顺畅，配合默契（8~10分）

· 沟通较好，有一定配合（4~7分）

· 沟通不畅，配合较差（1~3分）

3. 团队贡献（5分）

· 对团队贡献大（4~5分）

· 有一定贡献（2~3分）

· 贡献较小（1分）

四、表达能力（25分）

1. 口头表达（15分）

· 发言清晰流畅，逻辑严密（12~15分）

· 表达较清晰，有一定逻辑（8~11分）

· 表达不清晰，逻辑混乱（1~7分）

2. 书面表达（10分）

· 作业书写规范，表达准确（8~10分）

· 书写较规范，表达有一定准确性（4~7分）

· 书写不规范，表达不准确（1~3分）

总分：________________________

评价等级：优秀（85分及以上）、良好（70~84分）、中等（60~69分）、及格（45~59分）、不及格（45分以下）

教师评语：________________________

评价日期：________________________

（二）实践活动与实习报告的数据来源

1. 实践活动记录

高职生的实践活动是培养其职业技能和综合素质的重要环节。学校可以建立实践活动记录系统，记录学生在实践活动中的表现情况。例如，在实训课程中，记录学生的操作技能、安全意识、团队合作能力等；在社会实践活动中，记录学生的社会责任感、沟通能力、问题解决能力等。同时，教师和企业导师可以对学生的实践活动进行现场指导和评价，及时反馈学生的表现情况，帮助学生提高实践能力。

2. **实习报告**

实习是高职生将理论知识与实践相结合的重要途径。实习报告是学生对实习过程和成果的总结与反思，也是评价学生实习表现的重要依据。学校可以要求学生在实习结束后提交实习报告，内容包括实习单位介绍、实习岗位描述、实习任务完成情况、实习收获与体会等。教师和企业导师可以根据实习报告的内容、质量和真实性等方面进行评价，了解学生在实习期间的学习和成长情况。

3. **企业评价**

企业是高职生实习的重要场所，企业对学生的评价是评价数据的重要来源之一。学校可以与企业建立合作关系，邀请企业导师对学生的实习表现进行评价。企业评价可以包括学生的工作态度、专业技能、团队合作能力、创新能力等方面。同时，企业还可以为学校提供实习岗位需求、行业发展动态等信息，帮助学校更好地调整教学内容和培养方向。

总之，数据收集的渠道与方法是高职生成长评价的重要组成部分。通过收集课堂表现与作业成绩、实践活动与实习报告等方面的数据，可以全面、准确地评价高职生的成长情况，为学生的发展提供有针对性的建议和指导。同时，学校还应不断完善数据收集的渠道与方法，提高评价的科学性和有效性，为培养高素质的高职人才提供有力保障。

二、数据的审核与验证

在高职生成长评价的实施流程与管理中，评价数据的收集与整理是关键环节之一，而其中的数据审核与验证更是确保评价结果准确、可靠的重要步骤。

（一）确保数据的真实性与可靠性

1. 明确数据来源的可信度

评价数据的来源多种多样，包括课堂表现记录、作业成绩、考试成绩、实践活动评估、实习报告等。在收集数据时，要明确各个数据来源的可信度。例如，教师对课堂表现的观察和记录通常具有较高的可信度，因为教师能够直接观察学生的学习状态和参与度。而学生自评和同学互评可能存在一定的主观性，需要谨慎对待。对于实习报告等来自外部的评价数据，要确保实习单位的评价标准合理、公正，并且评价人员具有足够的专业素养。

例如，在某高职院校的机械制造专业中，学生的实习报告数据来自于合作的企业。学校会提前与企业沟通，明确评价标准，要求企业安排具有丰富经验的工程师作为评价人员。这样确保了实习报告数据的可信度，因为这些工程师能够基于专业知识和实际工作经验，对学生的实习表现进行客观公正的评价。

2. 建立数据审核机制

为了确保数据的真实性与可靠性，需要建立严格的数据审核机制。可以设立专门的数据审核小组，由教学管理人员、教师代表和学生代表组成。审核小组负责对收集到的评价数据进行逐一审核，检查数据的完整性、准确性和合理性。例如，对于考试成绩，审核小组可以检查试卷的批改是否规范、分数计算是否正确；对于实践活动评估，审核小组可以检查评估标准是否明确、评估过程是否公正。

例如，在一次计算机专业的课程作业成绩审核中，审核小组发现部分学生的作业存在抄袭嫌疑。他们通过对比作业内容、询问学生等方式，最终确定了抄袭的学生，并给予了相应的处理。同时，审核小组还对教师的评分标准进行了检查，确保评分的公正性和合理性。

3. 采用多种数据收集方法

单一的数据收集方法可能存在局限性，容易导致数据的不真实或不可靠。因此，在收集评价数据时，应采用多种方法相结合的方式。例如，可以将教师评价、学生自评、同学互评和企业评价等多种评价方式结合起来，从不同角度收集学生的成长数据。这样可以相互印证，提高数据的真实性与可靠性。同时，还可以采用问卷调查、访谈等方法，深入了解学生的学习体验和成长需求，为评价提供更丰富的信息。

例如，在某高职院校的酒店管理专业中，学生的成长评价采用了教师评价、实习酒店评价、学生自评和同学互评相结合的方式。教师评价学生在课堂上的表现和学业成绩；实习酒店评价学生在实习期间的工作态度和专业技能；学生自评和同学互评则从个人和他人的角度，评价学生的综合素质和团队合作能力。通过这种多维度的评价方式，可以确保评价数据的真实性与可靠性。

（二）数据误差的处理与纠正

1. 识别数据误差的类型

在评价数据的收集与整理过程中，可能会出现各种类型的数据误差。常见的误差类型包括测量误差、记录误差、主观误差等。测量误差是指由于测量工具或方法不准确而导致的数据偏差；记录误差是指在数据记录过程中出现的错误，如数据录入错误、遗漏等；主观误差是指由于评价者的主观因素而导致的数据偏差，如评价标准不统一、评价者个人偏好等。在进行数据审核与验证时，要能够准确识别这些误差类型，以便采取相应的处理措施。

2. 处理与纠正数据误差

对于识别出的数据误差，要及时进行处理与纠正。对于测量误差，可以重新检查测量工具和方法，确保其准确性和可靠性；对于记录误差，可以通过核对原始数据、重新录入等方式进行纠正；对于主观误差，可以通过统一评价标准、加强评价者培训等方式来减少误差。同时，要建立数据误差的反馈机制，及时将误差情况反馈给数据收集者和评价者，以便他们在今后的工作中加以改进。

例如，在某高职院校的英语课程考试中，发现部分学生的成绩存在异常。经过调查，发现是由于试卷印刷错误导致了测量误差。学校立即采取措施，重新印刷试卷，并组织学生进行补考。同时，对相关教师进行了批评教育，要求他们在今后的考试组织中更加严谨，避免类似错误的发生。

3. **定期进行数据质量评估**

为了确保评价数据的质量，需要定期进行数据质量评估。可以制订数据质量评估指标，如数据的完整性、准确性、一致性等，定期对收集到的评价数据进行评估。根据评估结果，及时发现数据质量问题，并采取相应的措施进行改进。同时，要不断总结经验教训，完善数据收集与整理的流程和方法，提高数据质量。

例如，某高职院校每学期末都会对学生的成长评价数据进行质量评估。通过分析数据的完整性、准确性和一致性，发现了一些问题，如部分教师的评价标准不统一、数据录入存在错误等。学校针对这些问题，组织教师进行培训，统一评价标准；同时，加强数据录入人员的管理，提高数据录入的准确性。通过定期的数据质量评估，不断提高了评价数据的质量。

总之，在高职生成长评价的实施流程与管理中，数据的审核与验证是确保评价结果准确、可靠的重要环节。通过确保数据的真实性与可靠性，处理与纠正数据误差，定期进行数据质量评估等措施，可以为高职生成长评价提供高质量的数据支持，促进高职生的全面发展。

三、数据的分类与存储

在高职生成长评价的实施流程与管理中，评价数据的收集与整理起着至关重要的作用，而其中“数据的分类与存储”更是确保评价工作高效、准确进行的关键环节。

（一）数据的分类标准与方法

1. **按评价内容分类**

（1）学业成绩数据　包括课程考试成绩、作业成绩、实验报告成绩等。这些数据直接反映了学生在专业知识学习方面的表现。例如，在某高职院校的计算机专业中，学生的数据库课程考试成绩、编程作业成绩以及软件开发实验报告成绩都属于学业成绩数据。通过对这些数据的分析，可以了解学生在专业知识掌握程度上的差异，为教师调整教学内容和方法提供依据。

（2）课堂表现数据　如课堂参与度、提问次数、小组讨论表现等。此类数据有助于评估学生的学习态度和积极性。例如，在市场营销课程中，教师记录学生的课堂发言次数、参与小组讨论的积极程度等。这些数据可以反映出学生对课程的兴趣和投入程度，对于激励学生积极参与课堂互动具有重要意义。

（3）实践活动数据　涵盖实习表现、实训项目成果、社会实践活动参与情况等。这对于衡量学生的实践能力和职业素养至关重要。以汽车维修专业为例，学生在实习期间的维修任务完成情况、故障诊断准确率以及与同事的协作能力等都是实践活动数据。这些数据能够帮助学校和企业了解学生的实际操作能力和职业适应能力，为学生的职业发展提供指导。

（4）综合素质数据　包括思想品德、团队合作能力、创新能力、沟通能力等方面的评价。这些数据全面反映了学生的综合素养。例如，在学生组织的社团活动中，对学生的领导能力、团队合作精神以及创新思维进行评价，这些数据可以为学生的综合素质提升提供方向。

2. **按时间维度分类**

（1）学期数据　以学期为单位，收集学生在一学期内的各项评价数据。这有助于了解学生在不同学期的学习进展和成长变化。例如，在某高职院校的会计专业中，每学期末都会对学生的财务会计、成本会计等课程成绩进行统计，同时收集学生课堂表现、实践活动等方面的数据。通过对比不同学期的数据，可以发现学生在专业知识学习和综合能力提升方面的进步情况。

（2）学年数据　将一学年内的评价数据进行汇总，便于对学生的年度表现进行综合评估。例如，在某高职院校的酒店管理专业中，学年结束时，会将学生两个学期的课程成绩、实习表现、综合素质评价等数据进行整合，形成学生的学年成长报告。这份报告可以为学生的奖学金评定、评优评先等提供重要依据。

（3）毕业数据　在学生毕业时，整合其在校期间的所有评价数据，为学生的毕业鉴定和就业推荐提供依据。例如，某高职院校在学生毕业时，会将学生三年来的学业成绩、实践活动成果、综合素质评价等数据进行汇总，形成学生的毕业档案。这份档案可以向用人单位展示学生的全面发展情况，提高学生的就业竞争力。

3. **按评价主体分类**

（1）教师评价数据　由教师对学生的学习表现、实践能力等进行评价所产生的数据。例如，在机械制造专业的实训课程中，教师会根据学生的操作技能、安全意识、团队协作能力等方面进行评价，这些评价数据可以反映学生在实践教学中的表现。

（2）学生自评数据　学生对自己的学习态度、能力发展等方面进行自我评价所形成的数据。例如，在学期末，学生可以对自己在本学期的学习目标完成情况、学习方法的有效性、团队合作中的表现等进行自我评价。这些数据可以帮助学生认识自己的优点和不足，促进自我反思和成长。

（3）同学互评数据　学生之间相互评价所得到的数据，有助于从不同角度了解学生的优点和不足。在小组项目中，学生可以对小组成员的贡献度、沟通能力、合作态度等进行评价。这些数据可以促进学生之间的交流与合作，提高团队协作能力。

（4）企业评价数据　来自实习单位或企业对学生在实习期间的表现进行评

价的数据，对学生的职业发展具有重要参考价值。例如，在某高职院校的电子商务专业中，学生在实习企业的工作态度、专业技能应用能力、创新能力等方面的评价数据，可以为学校调整人才培养方案提供依据，同时也可以帮助学生更好地适应职场需求。

（二）数据库建设与管理

1. 数据库建设

（1）选择合适的数据库管理系统　根据高职生成长评价数据的特点和规模，选择功能强大、稳定可靠的数据库管理系统。例如，可以选择关系型数据库，如MySQL、Oracle等，或者非关系型数据库，如MongoDB等。某高职院校在进行数据库建设时，经过充分调研和比较，选择了MySQL数据库管理系统。该系统具有良好的稳定性和扩展性，能够满足学校对学生成长评价数据的存储和管理需求。

（2）设计数据库结构　根据数据的分类标准，设计合理的数据库结构。确保数据库能够高效地存储和检索评价数据，同时便于数据的更新和维护。例如，可以设计学生信息表、课程成绩表、实践活动表、评价主体表等。在设计数据库结构时，充分考虑了数据的关联性和完整性，确保数据的准确性和一致性。

（3）数据录入与导入　将收集到的评价数据按照数据库结构进行录入或导入。可以采用手动录入、批量导入等方式，确保数据的准确性和完整性。同时，要建立数据审核机制，对录入的数据进行严格审核，防止错误数据进入数据库。某高职院校采用了数据录入与导入相结合的方式，对于少量的新增数据采用手动录入，对于大量的历史数据则采用批量导入的方式。在数据录入和导入过程中，严格按照数据审核机制进行审核，确保数据的质量。

2. 数据库管理

（1）数据安全管理　采取有效的安全措施，确保评价数据的安全。包括设置用户权限、数据加密、备份与恢复等。只有授权用户才能访问和修改数据库中的数据，防止数据泄露和篡改。定期对数据库进行备份，以防止数据丢失。例如，某高职院校设置了不同级别的用户权限，教师和管理人员可以根据自己的职责范围访问相应的数据。同时，对重要数据进行加密处理，定期对数据库进行备份，确保数据的安全性和可靠性。

（2）数据更新与维护　随着评价工作的不断进行，评价数据也在不断变化。要及时对数据库中的数据进行更新和维护，确保数据的时效性和准确性。例如，当学生的课程成绩发生变化时，要及时更新数据库中的成绩数据。某高职院校建立了数据更新与维护机制，定期对数据库中的数据进行检查和更新，确保数据的准确性和时效性。

（3）数据查询与分析　利用数据库管理系统提供的查询和分析功能，方便地查询和分析评价数据。可以根据不同的需求，生成各种统计报表和分析图表，为教学管理和学生成长提供决策支持。例如，某高职院校可以通过数据库查询学生的学业成绩排名、分析学生的实践能力发展趋势等。这些统计报表和分析图表可以为教师调整教学内容和方法、学生制订学习计划提供参考依据。

（三）适合高职生成长评价数据分类与存储的数据库管理系统

1. 功能需求

（1）数据类型支持　高职生成长评价数据可能包括数值型数据（如考试成绩）、文本型数据（如学生的自我评价）、日期时间型数据（如实践活动的时间）等多种类型。所选的数据库管理系统应能够有效地存储和管理这些不同类型的数据。例如，关系型数据库如MySQL、Oracle等在处理结构化数据方面具有强大的功能，可以很好地支持各种数据类型的存储和查询。

（2）数据规模和性能　考虑学校的学生规模和数据增长速度，选择能够处理大量数据且性能稳定的数据库管理系统。如果学校有数千名甚至更多的高职生，评价数据量会非常庞大，需要数据库系统能够快速地进行数据存储、检索和分析。非关系型数据库如MongoDB等在处理大规模数据和高并发访问方面具有优势，可以根据实际情况进行选择。

（3）数据安全性　成长评价数据包含学生的个人信息和成绩等敏感内容，数据库管理系统应具备强大的安全功能，如用户认证、访问控制、数据加密等，以确保数据的安全性。例如，一些数据库系统提供了细粒度的用户权限管理，可以限制不同用户对数据的访问权限，防止数据泄露。

2. **易用性**

（1）操作界面友好　对于数据管理人员来说，一个操作界面友好、易于使用的数据库管理系统可以提高工作效率。选择具有直观的图形用户界面和简单易懂的操作流程的系统，方便进行数据的录入、查询和维护。例如，一些数据库管理系统提供了可视化的查询设计工具，使数据查询更加方便快捷。

（2）学习成本低　考虑数据库管理系统的学习难度和培训成本。如果系统过于复杂，需要花费大量的时间和精力进行培训，可能会影响数据管理工作的进度。选择易于学习和掌握的系统，可以降低培训成本，提高工作效率。可以参考其他学校或机构的使用经验，了解不同数据库管理系统的学习难度和使用情况。

3. **可扩展性**

（1）适应未来发展需求　随着高职教育的不断发展和评价体系的不断完善，成长评价数据的类型和规模可能会发生变化。选择可扩展性较好的数据库管理系统，能够方便地添加新的数据类型、扩展存储容量和提高性能，以适应未来的发展需求。例如，一些数据库系统支持分布式存储和计算，可以根据数据量的增长进行横向扩展，提高系统的处理能力。

（2）与其他系统的集成性　考虑数据库管理系统与学校其他信息系统的集成性。如果能够与学生管理系统、教学管理系统等进行无缝集成，可以实现数据的共享和交换，提高工作效率。例如，一些数据库系统提供了丰富的接口和工具，可以方便地与其他系统进行集成。

4. **成本因素**

（1）软件成本　数据库管理系统的软件成本是一个重要的考虑因素。不同的数据库系统价格差异较大，需要根据学校的预算情况进行选择。一些开源数据库系统如MySQL等可以免费使用，降低了软件成本。同时，还要考虑数据库系统的升级和维护成本。

（2）硬件要求　不同的数据库管理系统对硬件的要求也不同。一些高性能的数据库系统可能需要更强大的服务器和存储设备，增加了硬件成本。在选择数据库管理系统时，要考虑学校现有的硬件资源和未来的升级需求，选择合适的系统。

5. **技术支持和售后服务**

（1）技术支持力度　选择有良好技术支持的数据库管理系统供应商。在使用过程中，如果遇到问题能够及时得到解决，可以保证数据管理工作的顺利进行。可以了解供应商的技术支持渠道、响应时间和解决问题的能力等。

（2）售后服务质量　考虑数据库管理系统的售后服务质量，包括软件升级、培训服务、故障排除等。选择售后服务好的供应商，可以确保数据库系统的长期稳定运行。可以参考其他用户的评价和反馈，了解供应商的售后服务质量。

综上所述，选择适合高职生成长评价数据分类与存储的数据库管理系统需要综合考虑功能需求、易用性、可扩展性、成本因素和技术支持等多个方面，根据学校的实际情况进行选择，以确保数据的安全、准确和高效管理。

（四）高职生成长评价数据分类与存储的成功经验

1. **明确分类体系与标准**

某高职院校在数据分类上，首先明确了以评价内容为主要分类依据，将数据分为学业成绩、实践能力、综合素质三大类。学业成绩类包括课程考试成绩、作业成绩等；实践能力类涵盖实习报告、实训项目成果等；综合素质类包含思想品德表现、团队协作能力评价等。

同时，为每一类数据制订了详细的分类标准。例如，在学业成绩类中，又根据课程性质分为专业课程成绩和公共课程成绩。对于实践能力类，根据实践类型分为校内实训成绩和校外实习成绩。通过明确的分类体系和标准，使得数据收集和存储更加有序，提高了数据的可检索性和可用性。

2. 采用多元化存储方式

另一所高职院校采用了数据库存储与文件存储相结合的方式。对于结构化的数据，如学生的基本信息、课程成绩等，存储在关系型数据库中，便于进行查询和统计分析。而对于一些非结构化的数据，如学生的实践报告、设计作品等，则以文件的形式存储在服务器上，并在数据库中记录文件的存储路径和相关信息。

这种多元化的存储方式既保证了数据的安全性和稳定性，又满足了不同类型数据的存储需求。同时，学校还定期对存储的数据进行备份，防止数据丢失。

3. 建立数据管理团队

一所规模较大的高职院校专门成立了数据管理团队，负责学生成长评价数据的分类、存储、维护和更新。团队成员包括信息技术人员、教学管理人员和教师代表。

信息技术人员负责数据库的建设和维护，确保数据存储的安全性和稳定性。教学管理人员负责制订数据分类标准和管理流程，监督数据的收集和存储过程。教师代表则根据教学实际情况，提供数据需求和反馈意见，不断完善数据分类与存储体系。

通过建立专业的数据管理团队，学校能够高效地管理大量的评价数据，为教学决策和学生发展提供有力支持。

4. 利用数据分析促进教学改进

有一所高职院校不仅注重数据的存储，还充分利用存储的数据进行分析，以促进教学改进。学校定期对学生的成长评价数据进行统计分析，了解学生的学习情况和发展趋势。例如，通过分析学生的课程成绩分布，发现某些课程的成绩普遍较低，学校及时组织教师对这些课程进行教学反思和改进。同时，通过分析学生的实践能力数据，了解学生在实践环节中的薄弱点，有针对性地调整实践教学内容和方法。

通过数据分析，学校能够及时发现教学中存在的问题，采取有效措施进行改进，提高教学质量和学生的综合素质。

5. 加强数据安全管理

许多高职院校都非常重视数据安全管理。他们采取了一系列措施来确保学生成长评价数据的安全。例如，设置严格的用户权限管理，只有授权人员才能访问和修改数据。对敏感数据进行加密存储，防止数据泄露。

同时，加强网络安全防护，安装防火墙、入侵检测系统等，防止外部攻击。定期对数据库进行安全审计，及时发现和排除安全隐患。通过加强数据安全管理，保障了学生成长评价数据的保密性、完整性和可用性。

总之，数据的分类与存储是高职生成长评价工作的重要组成部分。通过合理的分类标准和方法，以及有效的数据库建设与管理，可以确保评价数据的准确性、完整性和安全性，为高职生的成长评价提供有力的数据支持。

第三节　评价结果的分析与反馈

一、数据分析的方法与技巧

在高职生成长评价的实施流程与管理中，评价结果的分析与反馈是至关重要的环节，而其中数据分析的方法与技巧更是为准确解读评价结果、促进高职生成长提供了有力支撑。

（一）描述性统计分析与推断性统计分析

1. **描述性统计分析**

描述性统计分析是对数据进行初步整理和概括的方法，它可以帮助我们了解数据的基本特征。在高职生成长评价中，常用的描述性统计分析指标包括平均数、中位数、众数、标准差、方差等。

例如，通过计算学生某门课程考试成绩的平均数，可以了解该班级学生在这门课程上的总体水平；中位数则可以反映数据的中间位置，避免极端值的影响；众数可以找出数据中出现次数最多的数值，了解学生成绩的集中趋势。标准差和方差则可以衡量数据的离散程度，反映学生成绩的波动情况。

此外，还可以通过绘制频率分布直方图、饼图、柱状图等图表，直观地展示数据的分布情况。例如，用柱状图展示不同专业学生在实践能力评价中的得分情况，用饼图展示学生对某门课程教学满意度的比例分布。

2. **推断性统计分析**

推断性统计分析是在描述性统计分析的基础上，对总体特征进行推断的方法。它可以帮助我们从样本数据中推断出总体的情况，为决策提供依据。在高职生成长评价中，常用的推断性统计分析方法包括参数估计和假设检验。

参数估计是根据样本数据对总体参数进行估计的方法。例如，通过对抽取的部分高职生样本进行调查，估计全校高职生在综合素质评价中的平均得分范围。假设检验则是通过对样本数据进行分析，检验关于总体的假设是否成立。例如，检验不同教学方法对学生学习成绩的影响是否显著。

在进行推断性统计分析时，需要注意样本的代表性和分析方法的适用性。只有选择具有代表性的样本，并正确运用分析方法，才能得出可靠的结论。

（二）数据可视化在结果分析中的应用

1. 数据可视化的优势

（1）增强理解

①直观呈现数据特征：在描述性统计分析中，数据可视化可以将平均数、中位数、众数等集中趋势指标，以及标准差、方差等离散程度指标以直观的图表形式展现出来。例如，用柱状图表示不同课程成绩的平均分，能让人一眼看出哪些课程的平均成绩较高，哪些较低。对于推断性统计分析的结果，如假设检验的P值、置信区间等，通过可视化可以更清晰地理解其含义。例如，用颜色区分不同P值范围的结果，直观地显示哪些假设被接受，哪些被拒绝。

②便于发现数据模式：数据可视化有助于发现数据中的潜在模式。在描述性统计分析中，通过绘制直方图、箱线图等，可以观察数据的分布情况，如是否呈正态分布、是否存在异常值等。例如，箱线图可以清晰地显示数据的四分位数和异常值，帮助我们快速了解数据的离散程度和分布形态。

③有助于观察不同变量之间的关系：如散点图可以展示两个变量之间的相关性，通过观察散点的分布趋势，可以初步判断变量之间是否存在线性关系。

（2）提高效率

①快速获取关键信息：数据可视化能够在短时间内传达大量信息。相比于阅读冗长的数字表格或统计报告，人们可以更快地从可视化图表中获取关键信息。例如，在分析高职生不同学期的成绩变化时，一张折线图可以直观地显示成绩的上升或下降趋势，让教师和学生迅速了解学习进展情况。在进行推断性统计分析时，可视化的结果可以帮助研究者快速判断分析方法的有效性和结果的可靠性。例如，通过观察残差图的形态，可以判断回归分析模型是否合适。

②辅助决策制订：数据可视化为决策提供了直观的依据。在高职生成长评价中，学校管理者可以通过可视化的成绩分布、综合素质评价等图表，快速了解学生的整体情况，从而制订更科学的教学管理决策。例如，根据学生成绩的

分布情况，调整课程设置或教学方法；根据综合素质评价的结果，开展针对性的培养活动。

（3）促进沟通

①便于多方理解：数据可视化能够打破专业壁垒，让不同背景的人都能理解数据。在高职生成长评价中，教师、学生、家长和管理人员都可以从可视化的结果中获取有用信息。例如，用简单易懂的图表向家长展示学生的学习成绩和综合素质发展情况，促进家校合作。对于复杂的推断性统计分析结果，通过可视化可以将专业的统计概念转化为直观的图像，便于各方进行沟通和讨论。例如，用图形解释假设检验的原理和结果，让非统计专业的人员也能参与到评价结果的讨论中。

②激发互动与合作：数据可视化可以激发各方的互动与合作。可视化的结果可以引发人们的思考和讨论，促进不同利益相关者之间的交流与合作。例如，在展示学生实践能力评价结果时，教师和学生可以通过观察可视化图表，共同探讨实践教学中存在的问题和改进方向。数据可视化平台还可以支持多人在线协作，方便各方共同分析和解读评价结果，为高职生的成长提供更好的支持。

2. **数据可视化的应用场景**

在高职生成长评价中，数据可视化可以应用于多个场景。

在学生成绩分析方面，可以绘制折线图展示学生在不同学期的成绩变化趋势，用雷达图展示学生在各个学科的成绩分布情况。在实践能力评价中，可以用柱状图对比不同专业学生在实践项目中的表现，用流程图展示实践教学的过程和效果。

在综合素质评价中，可以用饼图展示学生在思想品德、团队合作、创新能力等方面的得分比例，用思维导图展示学生综合素质的发展路径。此外，还可以通过数据可视化平台，实时展示评价结果的动态变化，方便各方随时了解学生的成长情况。

总之，数据分析的方法与技巧在高职生成长评价中起着重要的作用。通过描述性统计分析和推断性统计分析，可以深入了解学生的学习情况和成长特点；通过数据可视化，可以使评价结果更加直观易懂，提高数据分析的效率和沟通效果。在实际应用中，应根据评价目的和数据特点，选择合适的分析方法和可视化工具，为高职生的成长和发展提供有力支持。

（三）教育领域数据可视化成功案例

1. 可汗学院的学习数据分析可视化

可汗学院通过多种方式实现学习数据分析可视化，为学习者和教育者提供了直观、有效的数据展示。如在平台左上角会以紫色条代表每个主题学习的进度，在学习时长等综合数据上，平台会对学习者在不同课程、不同时间段的学习时长进行统计分析，以图表等形式展示出来等。这种学习数据分析可视化，让学习过程变得更加透明、可量化，既有助于学习者进行个性化的学习调整，也为教育者优化教学内容和方法提供了有力依据，极大地提升了在线教育的效果和质量。

（1）可视化方法

①进度条展示：将学生在各个课程中的学习进度以直观的进度条呈现。每个课程被分解为多个知识点或学习单元，进度条根据学生完成的知识点数量或学习任务比例进行填充。例如，一门数学课程共有20个知识点，学生完成了15个，进度条就会显示为75%的填充状态。

②颜色标记掌握程度：对于每个知识点或学习单元，根据学生的学习表现用不同颜色进行标记。绿色表示学生掌握良好，通常是在相关的练习和测验中达到较高的准确率；黄色表示部分掌握，可能是在一些关键问题上存在理解不透彻或答题错误率较高的情况；红色表示需要加强学习，意味着学生在该知识点上存在较大困难，答题错误较多或者未能完成相关的学习任务。

（2）优势分析

①学生角度：让学生能够一目了然地了解自己在各门课程中的学习进展和

知识点掌握情况。学生可以快速确定自己的薄弱环节，有针对性地进行复习和强化学习。例如，看到某个知识点被标记为红色，学生就可以重点回顾该知识点的教学视频、重新做相关的练习题，从而提高学习效率。

②教师角度：教师可以通过可视化的数据全面了解每个学生的学习状态，及时发现学生的问题并提供个性化的指导。例如，教师发现多个学生在同一知识点上都显示为红色标记，就可以在课堂上进行重点讲解或组织小组讨论，帮助学生攻克难点。同时，教师还可以根据整体的学习进度调整教学计划，确保教学进度与学生的学习能力相匹配。

2. 某高校学生综合素质评价可视化案例

某高职学校以立德树人为根本任务，以学生德智体美劳全面发展为目标，建设了启航e账户五育评价系统，按照“动态采集—科学核算—综合评价—场景应用”的思路，融合学生第一、第二、第三课堂和日常行为表现，对学生学习、生活、工作、活动等方面产生的状态数据进行采集、分析、聚类、汇总，依托TOPSIS模型（一种常用的综合评价方法，可翻译为“逼近理想解排序法”），以一体化和智能化方式量化学生五育表现，形成可感知、可量化、可展示、可评估、可应用的学生启航e账户，及时掌握学生思想状况、行为变化、心理特点，绘制学生成长画像，利用协同过滤等算法为学生提供精准服务；通过持续改进“回圈”机制，提升人才培养质量，探索一条可操作、可计算、可验证、可迁移的人才培养路径。

（1）可视化方法

①综合素质雷达图：以雷达图的形式展示学生的思想品德、学业成绩、社会实践、创新能力等多个方面的评价数据。雷达图的每个维度代表一个评价指标，从中心点向外辐射。学生在各个指标上的得分通过在相应维度上的距离来表示。例如，思想品德维度上得分较高的学生，该维度上的点就会离中心点较远。

②历史数据对比：除了展示当前的综合素质评价结果，平台还提供历史数据对比功能。学生可以选择不同的学期或时间段，查看自己在各个指标上的变

化情况。历史数据以不同颜色的线条或区域在雷达图上显示，方便学生直观地看到自己的成长和进步。

（2）优势分析

①学生角度：学生可以全面了解自己在各个方面的优势和不足。通过雷达图的直观展示，学生能够清晰地看到自己在哪些方面表现出色，哪些方面还有待提高。例如，学生发现自己在学业成绩方面得分较高，但社会实践和创新能力相对较弱，就可以有针对性地参加社会实践活动和创新项目，提升自己的综合素质。同时，历史数据对比功能让学生看到自己的成长轨迹，增加学习的动力和信心。

②教师和学校角度：教师和学校管理人员可以通过综合素质雷达图了解学生的整体情况，为教学和管理提供决策依据。例如，学校发现某一届学生在创新能力方面普遍较弱，就可以加大对创新教育的投入，开设更多的创新课程和实践活动。教师也可以根据学生的综合素质情况进行个性化的指导和培养，帮助学生充分发挥自己的优势，弥补不足。

3. 数据可视化的应用场景

在高职生成长评价中，数据可视化可以应用于多个场景。

在学生成绩分析方面，可以绘制折线图展示学生在不同学期的成绩变化趋势，用雷达图展示学生在各个学科的成绩分布情况。在实践能力评价中，可以用柱状图对比不同专业学生在实践项目中的表现，用流程图展示实践教学的过程和效果。

在综合素质评价中，可以用饼图展示学生在思想品德、团队合作、创新能力等方面的得分比例，用思维导图展示学生综合素质的发展路径。

此外，还可以通过数据可视化平台，实时展示评价结果的动态变化，方便各方随时了解学生的成长情况。

（四）教育领域数据可视化的未来发展趋势

1. 更加智能化与自动化

（1）智能数据分析　借助人工智能和机器学习技术，系统能够自动对大量的教育数据进行深度分析和挖掘，识别出隐藏的模式、趋势和关联。例如，自动分析学生的学习行为数据，预测学生在某一学科或知识点上的学习困难，为教师提供预警和干预建议。

（2）自动化可视化呈现　根据分析结果，系统自动选择最适合的可视化方式来呈现数据，无须人工干预选择图表类型。并且能够根据用户的使用习惯和需求，自动调整可视化的布局、颜色等元素，以提高数据的可读性和理解性。

2. 深度融合多源数据

（1）校内多模态数据整合　除了传统的学业成绩数据，未来会将学生的课堂表现、作业完成情况、参与课外活动的记录、在线学习平台的互动数据等多模态数据进行整合。通过综合分析这些数据，可以更全面地了解学生的学习状态、兴趣爱好和特长，为个性化教学提供更准确的依据。

（2）校外数据引入　与校外的教育资源平台、教育机构以及社会数据进行融合。例如，引入学生在线教育平台上的学习数据，与学校内部数据相结合，分析学生在不同学习场景下的表现差异；或者结合社会经济数据、人口数据等，研究教育资源的分配与社会需求的匹配度。

3. 个性化与定制化

（1）学生端个性化　学生可以根据自己的学习需求和兴趣，定制个人的数据可视化报告。例如，学生可以选择关注自己在特定学科、特定时间段内的学习进展，或者将自己的学习数据与班级、年级的平均水平进行对比，以便更好地了解自己的优势和不足，制订个性化的学习计划。

（2）教师端定制化　教师可以根据教学目标和教学内容，定制适合自己教学需求的可视化图表。例如，教师在讲解某个知识点时，可以选择相关学生的学习数据进行可视化展示，以便更有针对性地进行教学讲解和案例分析。

4. AR（增强现实）和VR（虚拟现实）技术的应用

（1）AR辅助教学　将数据可视化与AR技术相结合，为学生提供更加生动、直观的学习体验。例如，在地理课上，学生可以通过AR设备查看地球的三维模型，并在模型上叠加显示地理数据，如气候分布、地形地貌等，帮助学生更好地理解地理知识。

（2）VR沉浸式学习　利用VR技术创建虚拟的学习环境，让学生身临其境地进行学习。在这种环境中，数据可视化可以用于展示学习过程中的各种信息和反馈，如学生在虚拟实验中的操作步骤、实验结果等，增强学生的学习参与度和体验感。

5. 实时性与动态更新

（1）实时数据采集与展示　随着物联网技术在教育领域的应用，越来越多的教育设备和传感器可以实时采集学生的学习数据，如学生在智能教室中的学习行为、智能学习设备的使用情况等。数据可视化系统能够实时接收这些数据，并进行实时展示和分析，使教师和教育管理者能够及时了解学生的学习状态和教学效果，以便及时调整教学策略。

（2）动态数据更新与交互　可视化图表不再是静态的，而是能够根据数据的变化实时更新，并且支持用户与图表进行实时交互。例如，教师在课堂讲解过程中，可以随时根据学生的提问或讨论，动态地调整数据可视化的内容和参数，以便更好地解答学生的问题。

6. 跨平台与多终端适配

（1）跨平台使用　教育数据可视化系统将能够在不同的操作系统和平台上运行，如Windows、Mac、iOS、Android等，方便教师和学生在各种设备上使用，包括电脑、平板电脑、智能手机等。

（2）多终端适配　针对不同终端设备的特点和屏幕尺寸，数据可视化的界面和布局会进行自适应调整，以确保在不同设备上都能够提供良好的用户体验。例如，在手机上查看数据可视化图表时，会自动调整图表的大小和显示方式，方便用户在小屏幕上进行操作和查看。

7. 协作与共享功能的强化

（1）师生协作　教师和学生之间可以通过数据可视化平台进行协作学习和

交流。例如，教师可以将学生的学习数据分享给学生，让学生进行小组讨论和分析，共同发现问题和解决问题；学生也可以将自己的学习成果以数据可视化的形式分享给教师和同学，获得反馈和建议。

（2）校际共享　学校之间可以通过数据可视化平台共享教育数据和教学经验。例如，不同学校的教师可以共同分析学生的学习数据，探讨教学方法和教学策略的改进；学校之间可以分享优秀的教学案例和教学资源，促进教育资源的均衡发展。

总之，数据分析的方法与技巧在高职生成长评价中起着重要的作用。通过描述性统计分析和推断性统计分析，可以深入了解学生的学习情况和成长特点；通过数据可视化，可以使评价结果更加直观易懂，提高数据分析的效率和沟通效果。在实际应用中，应根据评价目的和数据特点，选择合适的分析方法和可视化工具，为高职生的成长和发展提供有力支持。

二、评价结果的反馈机制

在高职生成长评价的实施流程与管理中，评价结果的分析与反馈是至关重要的环节，而其中评价结果的反馈机制更是确保评价工作发挥实际作用的关键。

（一）及时向学生反馈评价结果

1. 重要性

及时向学生反馈评价结果对于高职生的成长和发展具有重大意义。首先，它能让学生清楚地了解自己在学习、实践和综合素质等方面的表现，明确自己的优势和不足。学生可以根据反馈结果及时调整学习策略和方法，有针对性地进行自我提升。其次，及时反馈能够增强学生的学习动力和积极性。当学生看到自己的努力得到认可或者发现问题并能够及时改进时，会更有信心和热情投入到后续的学习中。

2. 实施方法

为了确保向学生及时反馈评价结果，学校可以采取以下措施。一方面，教师应在评价工作完成后的合理时间内，如一周内，将评价结果反馈给学生。可以通过课堂讲解、个别谈话、在线平台发布等方式进行反馈。例如，在课堂上，教师可以专门安排时间对班级整体的评价结果进行分析和讲解，同时针对个别学生的问题进行单独指导。另一方面，学校可以建立信息化的评价反馈系统，让学生能够随时查询自己的评价结果。这样学生可以更加便捷地了解自己的成长情况，也方便他们进行长期的自我监督和规划。

（二）反馈方式的选择与效果评估

1. 反馈方式的选择

在高职生成长评价中，有多种反馈方式可供选择，每种方式都有其独特的优势和适用场景。

（1）面对面反馈　教师与学生进行一对一的面谈或者小组讨论，这种方式能够直接了解学生的反应和困惑，给予个性化的建议和指导。例如，对于在实践活动中表现不佳的学生，教师可以通过面谈深入了解其遇到的问题，并共同探讨解决方案。

（2）书面反馈　通过评语、报告等书面形式向学生反馈评价结果。这种方式可以让学生反复阅读和思考，同时也便于学生保存和回顾。例如，教师可以在学生的作业或实践报告上写下详细的评语，指出优点和不足，并提出改进建议。

（3）在线反馈　利用学校的教学管理平台、电子邮件等在线工具进行反馈。这种方式具有高效、便捷的特点，能够及时将评价结果传达给学生，并且可以实现多人同时反馈。例如，教师可以在教学平台上发布学生的考试成绩和评价意见，学生可以随时登录查看并与教师进行在线交流。

2. 效果评估

为了确保反馈方式的有效性，学校需要对反馈效果进行评估。可以从以下几个方面进行评估。

（1）学生的满意度 通过问卷调查、访谈等方式了解学生对反馈方式的满意度。例如，询问学生是否认为反馈及时、清晰、有帮助，以及对不同反馈方式的喜好程度。

（2）学生的行为变化 观察学生在接收到评价结果反馈后的学习行为和表现是否有积极的变化。例如，学生是否更加努力学习、改进学习方法、积极参与实践活动等。

（3）学习成绩和综合素质的提升 对比学生在接受反馈前后的学习成绩和综合素质评价结果，看是否有明显的提升。如果学生在接收到反馈后，成绩和综合素质有了显著提高，说明反馈方式是有效的。

总之，评价结果的反馈机制是高职生成长评价体系中不可或缺的一部分。通过及时向学生反馈评价结果，并选择合适的反馈方式并进行效果评估，能够帮助学生更好地了解自己的成长情况，激发他们的学习动力和积极性，促进他们的全面发展。

三、评价结果的沟通与解释

在高职生成长评价的实施流程与管理中，评价结果的分析与反馈是至关重要的环节，而其中“评价结果的沟通与解释”更是确保评价工作发挥积极作用的关键步骤。

（一）与学生、家长和教师的沟通与交流

1. 与学生的沟通

学生是成长评价的直接对象，与他们进行有效的沟通至关重要。首先，在评价结果公布后，教师应及时与学生进行一对一的交流，了解他们对评价结果的看法和感受。通过倾听学生的想法，教师可以更好地理解他们的困惑和需求，为后续的指导提供依据。例如，对于在某一学科成绩不理想的学生，教师可以与他们共同分析原因，探讨改进的方法。

有这样一个实例，一位高职生在数学课程的评价中成绩不佳。老师在与他沟通时，学生表示对一些复杂的数学概念理解困难，而且在解题过程中常常不知道如何运用所学知识。老师耐心地倾听后，为他制订了个性化的学习计划。建议他在课后多做一些针对性的练习题，并且利用在线学习资源加深对数学概念的理解。同时，老师还鼓励他积极参与课堂讨论，向同学和老师请教问题。通过这样的沟通与指导，学生逐渐找到了学习数学的方法，成绩也有了明显的提高。

同时，教师可以组织学生进行小组讨论，让他们分享彼此的评价结果和成长经验。这样不仅可以促进学生之间的相互学习和交流，还能增强他们的团队合作意识。例如，在实践课程的评价后，组织学生小组讨论实践过程中的收获和不足，共同总结经验教训。

此外，学校可以设立专门的咨询渠道，如成长辅导中心，让学生在对评价结果有疑问时能够随时寻求帮助和解答。辅导老师可以根据学生的具体情况，提供个性化的建议和指导，帮助他们制订个人成长计划。

2. **与家长的沟通**

家长在学生的成长过程中起着重要的作用，与家长的沟通可以让他们更好地了解学生在学校的表现，共同促进学生的成长。学校可以通过家长会、家长信、电话沟通等方式，向家长传达学生的评价结果。在沟通中，要注重用通俗易懂的语言解释评价指标和结果，让家长能够清楚地了解学生的优势和不足。

例如，在家长会中，教师可以详细介绍学生在学业成绩、综合素质等方面的表现，并结合具体案例进行说明。同时，听取家长的意见和建议，共同探讨如何更好地支持学生的成长。对于在某些方面表现突出或存在问题的学生，教师可以与家长进行单独沟通，共同制订针对性的教育方案。

3. **与教师的沟通**

教师之间的沟通可以促进教学经验的交流和分享，提高教学质量。在评价结果分析后，教师可以开展教研活动，共同探讨学生的整体表现和存在的问题。通过交流教学方法和策略，教师可以互相学习，共同改进教学。

例如，在学科组教研活动中，教师们可以针对学生在某一学科的评价结果进行分析，讨论如何调整教学内容和方法，以更好地满足学生的学习需求。同时，教师也可以与辅导员、班主任等进行沟通，了解学生在班级管理和综合素质培养方面的情况，共同为学生的成长提供全方位的支持。

（二）评价结果的解释与说明

1. 评价指标的解读

为了让学生、家长和教师更好地理解评价结果，需要对评价指标进行详细的解读。学校可以通过发放评价手册、举办讲座等方式，向他们介绍评价指标的含义、权重和评价方法。例如，在评价手册中，详细说明每个评价指标的具体内容和评价标准，让学生和家长能够清楚地知道自己在哪些方面表现出色，哪些方面需要改进。

同时，教师在与学生和家长沟通时，也要结合具体的评价结果，对评价指标进行解释和说明。例如，对于学生在实践能力方面的评价结果，教师可以向家长介绍实践课程的设置和评价方法，让家长了解学生在实践过程中的具体表现和需要提高的地方。

2. 评价结果的分析与反馈

评价结果不仅仅是一个分数或等级，更重要的是通过对结果的分析，为学生的成长提供有价值的反馈。教师在向学生和家长反馈评价结果时，要注重分析学生的优势和不足，并提出具体的改进建议。例如，对于在学业成绩方面表现优秀的学生，教师可以鼓励他们继续保持，并提出更高的学习目标；对于成绩不理想的学生，教师要帮助他们分析原因，制订个性化的学习计划。

此外，学校可以利用数据分析工具，对评价结果进行深入分析，为教学管理和决策提供依据。例如，通过分析学生在不同学科的成绩分布情况，调整课程设置和教学资源分配；通过分析学生的综合素质评价结果，开展针对性的德育活动和社团活动，促进学生的全面发展。

总之，评价结果的沟通与解释是高职生成长评价工作的重要组成部分。通过与学生、家长和教师的有效沟通与交流，以及对评价结果的详细解释与说明，可以让各方更好地理解评价指标和结果，共同为学生的成长提供支持和帮助。

第四节　评价结果的应用与改进

一、学生个人发展指导

在高职生成长评价的实施流程与管理中，评价结果的应用与改进至关重要，其中“学生个人发展指导”更是对高职生的未来发展起着关键作用。

（一）根据评价结果制订个性化发展计划

1. 全面分析评价结果

当高职生的成长评价结果出炉后，首先需要对其进行全面深入的分析。这不仅包括学业成绩方面的评估，还涵盖课堂表现、实践活动参与度、综合素质等多个维度。例如，通过分析学业成绩，可以了解学生在不同学科上的优势和薄弱环节；观察课堂表现能看出学生的学习态度和参与积极性；实践活动参与度则反映了学生的动手能力和团队协作能力；综合素质评价则涵盖了思想品德、创新能力、沟通能力等方面。

2. 确定个人发展目标

基于对评价结果的分析，学生可以与教师、辅导员或职业导师共同确定个人发展目标。这些目标应具有明确性、可衡量性和可实现性。例如，如果学生在某一专业课程上表现欠佳，可设定在接下来的一个学期中将该课程成绩提高到一定水平的目标；若学生在实践活动中展现出较强的领导能力，可设定进一步提升领导技能并在团队项目中发挥更大作用的目标。

3. 制订个性化发展计划

在确定个人发展目标后，制订详细的个性化发展计划是关键。这个计划应包括具体的行动步骤、时间表和评估方法。例如，为了提高某一学科的成绩，学生可以制订每周额外学习该学科的时间安排，参加课外辅导或学习小组；为了提升沟通能力，可以报名参加演讲培训课程、积极参与课堂讨论和社团活动等。同时，计划中还应设定阶段性的评估点，以便及时调整和改进计划。

（二）提供学习与职业发展建议

1. 学习建议

根据评价结果，为学生提供有针对性的学习建议。对于学业成绩优秀的学生，可以鼓励他们参加学科竞赛、申请奖学金或进行更深入的学术研究；对于在某些学科上存在困难的学生，建议他们寻求教师的个别辅导、利用在线学习资源或与同学组成学习小组共同攻克难题。此外，还可以根据学生的学习风格和兴趣爱好，推荐适合的学习方法和学习资源。例如，对于视觉型学习者，可以推荐观看教学视频、使用图表和图像辅助学习；对于动手能力强的学生，可以建议他们通过实验、实践项目等方式加深对知识的理解。

2. 职业发展建议

评价结果也可以为学生的职业发展提供重要参考。通过分析学生的专业技能、综合素质和兴趣爱好，为他们提供职业发展方向的建议。例如，如果学生在实践活动中表现出较强的技术能力和问题解决能力，可以建议他们考虑从事技术类岗位；如果学生具有良好的沟通能力和团队协作能力，可以推荐他们从事管理或客户服务类岗位。同时，还可以为学生提供实习、兼职和志愿服务的机会，帮助他们积累工作经验，了解不同职业的要求和发展前景。此外，职业导师可以为学生提供简历撰写、面试技巧等方面的指导，提高他们的就业竞争力。

总之，通过根据评价结果制订个性化发展计划并提供学习与职业发展建议，可以更好地指导高职生的个人成长和发展，帮助他们充分发挥自己的潜力，实现自己的人生目标。

以下是一些成功的高职生个人发展指导案例。

案例一：机械制造专业学生

小李是一名高职学校机械制造专业的学生。在成长评价中，发现他的专业理论课程成绩较好，但实践操作能力相对较弱，且在团队合作方面表现一般。

针对这一情况，老师为他制订了个性化发展计划。首先，安排他参加学校组织的机械加工实训强化班，增加实践操作的时间和机会。在实训过程中，老师特意将他与一些实践能力强、团队合作好的同学分在一组，让他在实际操作中学习和提高。同时，为他设定了阶段性的实践技能考核目标，如在一个月内独立完成某个特定零件的加工等。

在职业发展建议方面，老师根据他的理论优势和逐渐提升的实践能力，建议他可以朝着机械设计与制造工程师的方向发展。鼓励他参加相关的职业技能竞赛，提升自己的专业知名度。小李积极采纳了这些建议，经过一段时间的努力，他的实践操作能力有了显著提高，在团队合作中也变得更加主动和积极。最终，他在一次省级职业技能竞赛中获得了优异成绩，为自己的职业发展打下了坚实的基础。

案例二：酒店管理专业学生

小王是高职学校酒店管理专业的学生。评价结果显示她在沟通能力和服务意识方面表现出色，但组织协调能力有待提高。

学校为她制订了个性化发展计划，安排她担任班级活动的组织者和学校酒店实训基地的学生负责人，锻炼她的组织协调能力。同时，要求她每周进行自我总结，反思在组织活动中遇到的问题和解决方法。

在学习建议方面，鼓励她参加酒店行业的专业讲座和培训课程，拓宽自己的知识面。对于职业发展，老师根据她的优势和潜力，建议她可以朝着酒店大堂经理或客户关系管理经理的方向发展。小王在实践中不断努力，逐渐提升了自己的组织协调能力。毕业后，她顺利进入一家知名酒店工作，并在短时间内晋升为大堂副经理。

案例三：计算机专业学生

小张是高职学校计算机专业的学生。评价结果表明他在编程能力方面有一定天赋，但缺乏项目管理经验和创新思维。

老师为他组建了一个编程项目小组，让他担任项目组长，负责一个小型软件项目的开发。在这个过程中，老师指导他学习项目管理知识，如制订项目计划、分配任务、控制进度等。同时，鼓励他参加创新大赛，激发他的创新思维。

在职业发展建议方面，老师建议他可以专注于软件开发领域，成为一名优秀的软件工程师或项目经理。小张通过参与项目和比赛，不断提升自己的综合能力。毕业后，他成功进入一家互联网企业，成为了一名软件开发工程师，并在工作中展现出了出色的项目管理能力和创新能力。

二、教学方法与课程调整

在高职生成长评价的实施流程与管理中，评价结果的应用与改进起着至关重要的作用，而其中“教学方法与课程调整”更是直接关系到高职教育的质量和学生的成长发展。

（一）基于评价结果改进教学内容与方法

1. 分析评价结果，明确教学问题

当高职生成长评价结果出炉后，教师和教学管理人员应仔细分析这些结果，从中找出教学中存在的问题。例如，通过对学生学业成绩的分析，可能会发现某些课程的及格率较低，这可能意味着教学内容难度过大或者教学方法不适合学生。同时，对学生课堂表现的评价可以揭示出学生对教学方式的接受程度，如是否积极参与讨论、是否对案例教学感兴趣等。此外，实践活动评价结果可以反映出学生在实际操作中的问题，如技能掌握不熟练、团队协作能力不足等。

2. 调整教学内容，适应学生需求

根据评价结果，教师可以对教学内容进行有针对性的调整。如果学生在某些知识点上掌握较差，教师可以增加这些知识点的讲解和练习时间。例如，在计算机编程课程中，如果学生对某一算法的理解存在困难，教师可以通过更多的实例和练习来帮助学生掌握。同时，教师还可以根据学生的兴趣和职业发展需求，引入一些前沿的知识和技术，拓宽学生的视野。例如，在电子商务课程中，教师可以介绍最新的电商模式和营销手段，提高学生的学习积极性。

3. 改进教学方法，提高教学效果

评价结果也可以为教学方法的改进提供依据。如果学生在传统的讲授式教学中表现出积极性不高，教师可以尝试采用更加互动的教学方法，如小组讨论、案例分析、项目驱动教学等。例如，在市场营销课程中，教师可以组织学生进行市场调研项目，让学生在实际操作中学习和应用市场营销知识。此外，教师还可以利用现代教育技术，如在线教学平台、虚拟实验室等，丰富教学手段，提高教学效果。例如，在机械制造课程中，教师可以利用虚拟实验室让学生进行模拟操作，提高学生的实践能力。

（二）课程设置的优化与调整

1. 评估现有课程体系

对现有的课程体系进行全面评估是课程设置优化与调整的基础。通过分析学生的成长评价结果，可以了解不同课程之间的衔接是否合理、课程内容是否重复、课程难度是否适宜等问题。例如，通过对学生综合素质评价结果的分析，可能会发现某些课程在培养学生创新能力方面存在不足，这就需要对课程体系进行调整，增加相关的课程或实践环节。

2. 优化课程结构

根据评估结果，对课程结构进行优化。可以调整课程的先后顺序，使课程之间的衔接更加紧密。例如，在计算机专业中，可以先安排基础编程语言课程，然后再开设数据库管理、网页设计等课程，让学生在学习过程中逐步建立起完整的知识体系。同时，可以整合一些内容相似的课程，避免课程内容的重复。例如，将市场营销学和消费者行为学两门课程进行整合，减少重复的教学内容，提高教学效率。

3. 引入新的课程和实践环节

为了适应社会发展和学生职业发展的需求，学校可以根据评价结果引入新的课程和实践环节。例如，随着人工智能技术的发展，学校可以开设人工智能基础、机器学习等课程，让学生了解最新的技术趋势。同时，增加实践教学的比重，提高学生的实际操作能力。例如，在工程专业中，可以增加企业实习、项目实训等实践环节，让学生在实际工作环境中锻炼自己的专业技能。

总之，基于评价结果进行教学方法与课程调整是提高高职教育质量的重要途径。通过不断改进教学内容与方法、优化课程设置，学校可以更好地满足学生的学习需求和职业发展需求，培养出更多高素质的技术技能人才。

三、学校管理与教育改革

在高职生成长评价的实施流程与管理中，评价结果的应用与改进至关重要，而其中“学校管理与教育改革”方面更对高职教育的发展有着深远影响。

（一）评价结果在学校管理决策中的应用

1. 学生资源分配

评价结果可以为学校在学生资源分配方面提供重要依据。例如，根据学生的学业成绩、实践能力和综合素质评价，学校可以合理分配奖学金、助学金等资源，激励学生努力学习和全面发展。同时，对于一些特殊项目和培训机会，也可以优先选拔表现优秀的学生参加，提高资源利用效率。

2. **教师绩效评估**

评价结果不仅可以反映学生的成长情况，也可以作为教师绩效评估的重要参考。通过分析学生对教师的评价、教学成果等数据，学校可以了解教师的教学质量和专业水平，为教师的晋升、奖励和培训提供依据。例如，如果一位教师所教班级的学生在学业成绩和综合素质方面都有显著提高，那么这位教师在绩效评估中就应该得到较高的评价。

3. **教学设施与资源投入**

学校可以根据评价结果来决定教学设施和资源的投入方向。如果评价结果显示学生在某些实践课程中表现不佳，可能意味着学校需要增加相关的实践教学设施和设备投入。例如，对于机械制造专业，如果学生在实训课程中反映设备老旧、数量不足，学校就可以考虑更新和增加实训设备。同时，评价结果也可以指导学校在图书资料、在线学习资源等方面的投入，以满足学生的学习需求。

4. **招生与就业指导**

评价结果对学校的招生和就业指导工作也有着重要的指导意义。通过分析毕业生的就业情况和用人单位的反馈评价，学校可以了解各个专业的就业前景和市场需求，从而调整招生计划和专业设置。同时，学校可以根据学生的综合素质评价和职业发展意向，为学生提供个性化的就业指导和职业规划建议，提高学生的就业竞争力。

（二）推动教育教学改革的措施与策略

1. **课程体系改革**

基于评价结果，学校可以对课程体系进行全面改革。首先，根据学生的需求和市场的变化，调整课程设置，增加一些新兴学科和实用课程，如人工智能、大数据分析等。

其次，优化课程结构，加强课程之间的衔接和融合，避免内容重复和脱节。例如，可以将专业课程与实践课程紧密结合，提高学生的实践能力和解决问题的能力。此外，学校还可以引入在线课程、微课等新型教学模式，丰富教学资源，满足学生的多样化学习需求。

2. **教学方法创新**

评价结果可以促使教师不断创新教学方法，提高教学质量。例如，如果评价结果显示学生对传统的讲授式教学方法满意度不高，教师可以尝试采用案例教学、项目驱动教学、小组讨论等互动式教学方法，激发学生的学习兴趣和主动性。同时，教师还可以利用现代教育技术，如虚拟实验室、在线教学平台等，丰富教学手段，提高教学效果。此外，学校还可以组织教师参加教学方法培训和交流活动，促进教师之间的经验分享和共同进步。

3. **师资队伍建设**

评价结果可以为学校的师资队伍建设提供方向。学校可以根据评价结果，了解教师在教学能力、专业素养等方面的不足，有针对性地开展教师培训和进修活动。例如，对于一些新兴学科的教师，可以组织他们参加专业培训和学术交流活动，提高他们的专业水平。同时，学校还可以引进一些具有丰富实践经验和行业背景的教师，充实师资队伍，提高教学质量。此外，学校还可以建立教师激励机制，鼓励教师积极参与教学改革和科研活动，提高教师的工作积极性和创造性。

4. **校企合作深化**

评价结果可以促进学校与企业之间的深度合作。学校可以根据用人单位对毕业生的评价和需求，调整人才培养方案，加强与企业的合作，共同培养适应市场需求的高素质技术技能人才。例如，学校可以与企业合作开展订单式培养、实习实训基地建设、产学研合作等项目，提高学生的实践能力和就业竞争力。同时，学校还可以邀请企业专家参与课程设置、教学评价等工作，使教学内容更加贴近实际工作需求。

总之，评价结果在学校管理决策和推动教育教学改革中具有重要的应用价值。通过合理应用评价结果，学校可以不断优化管理决策，推动教育教学改革，提高高职教育的质量和水平，为社会培养更多高素质的技术技能人才。

第七章

国内外高职院校大学生成长评价案例分析

第一节 国内成功案例分享

一、高职院校的创新评价模式案例

案例一：某职业技术学院构建“四位一体”学生学业评价体系——创新学生学业评价模式

为全面落实《深化新时代教育评价改革总体方案》，该职业技术学院为满足学生全面发展和社会需求培养高素质技术技能人才，基于全人教育理念，系统构建了“四位一体”的学生学业评价体系，坚持能力为重，优化岗、课、证、赛、研、创“六维互融”学业评价构成，强化数字赋能，完善评价主体多元化、评价管理一体化、评价目标进阶化“三化协同”的学业评价机制，有效破解“学业评价体系不健全”“评价内容适应性不强”“评价机制不完善”等难题。

（一）校训指引，构建“四位一体”的学生学业评价体系

学校围绕立德树人根本任务，秉持全人教育理念，以促进学生整体发展、兼顾学生个性化发展为价值主旨，在“尚德崇文、创业立身”校训精神指引

下，构建以政治素质、品德修养等价值塑造为核心的尚德教育，以课证融通、技能竞赛、技能等级证书等专业成长为核心的崇文教育，以科技研发、创新创业等方面素质培养为核心的创业教育，以毕业、就业、创业、升学等不同渠道职业发展为核心的立身教育体系，形成“尚德、崇文、创业、立身”四位一体的学生学业评价体系。

（二）能力为重，优化“六维互融”学生学业评价构成

学校紧贴职业岗位需求，坚持以能力为重，深入开展岗位能力和专业核心能力分析，优化专业课程体系与教学内容，将岗位实践、专业课程、技能等级证书三个必选模块，以及技能竞赛、科技研发和创业绩效三个自选模块纳入学业评价内容，优化“六维互融”学生学业评价构成，分层分类培养高素质技术技能人才。

一是深耕“岗课证”实战化评价。围绕专业人才能力培养、岗位能力达成等目标，评价学生运用理论知识和技能解决实际问题的能力。深入推进专业课理论技能一体化测评，各课程考查学生理论知识的同时考核职业技能，将企业真实项目贯穿课程学习始终，考查学生岗位技能、通用技术掌握情况。聘请行业、企业专家在“校中厂”“厂中校”开展实践教学，依托劳动实践周、中期岗位实习完成行业、企业真实项目，考核学生新技术、新工艺、新标准等操作情况。制定《关于加强学生毕业设计工作的指导意见》，以综合性项目为抓手，通过完成项目、制作产品等方式，培养学生综合运用基础理论、专业知识和专业技能分析解决实际问题的能力、就业创业能力和创新能力。深入推进教育部首批“1+X”证书制度试点院校建设，将职业技能等级证书、职业技能等级标准与专业建设、专业教学标准有机衔接。

二是深化“赛研创”个性化评价。探索专业特色凸显的学生专业能力评价改革，基于工科、商科专业的不同优势，引导学生立足专业和特长参加学生技能竞赛、考取技能等级证书、开展科技研发、投身创新创业，将学生“赛研

创”各个维度绩效纳入学业评价，让不同禀赋和需要的学生能够多样化成材。构建国家、省、校三级学生竞赛体系，实现专业全覆盖；充分利用大学生科技社团，扶持、孵化学生科技创新项目，加强学生创新能力的培养，2021—2022学年，共有167名学生获得专利授权；出台《大学生创新创业认定办法》，按新媒体类、电商类、技术类、竞赛类等6类进行自主创新创业业绩认定。出台《辅修专业管理办法》，学生辅修专业考核合格后可对主修专业部分课程进行学分替代。

（三）数字赋能，完善“三化协同”学生学业评价机制

学校遵循技术技能人才成长规律，紧扣人才培养目标，完善评价主体多元化、评价管理一体化、评价目标进阶化“三化协同”的学业评价机制，纵深推进学生综合职业能力评价改革。

一是评价主体多元化。充分发挥企业、学校、学生、第三方评价机构多元主体优势，从不同视角开展学业评价：企业侧重专业课程评价内容构成、学生岗位技能达成和岗位适应性角度；学校侧重学生综合素养和职业能力达成；学生关注自身综合能力进阶和目标达成；第三方机构侧重学业评价是否符合高质量发展的需求。通过多元主体联动评价，推动构建科学性、规范性、高质量的学业评价体系。

二是评价管理一体化。充分利用现代信息技术，开发“1+N”学业评价系统，依托校本人才培养工作状态数据管理系统“麦穗计划”，分设智慧学习、学生竞赛、“1+X”证书、毕业综合实践、科研、创业管理、辅修等“N”个模块，一体化展示学生各维度学习绩点，形成学生个性化学业成长画像，实现全过程纵向评价、德智体美劳全要素横向评价。

三是评价目标进阶化。以学生全面发展为主线，构建多元参与、循序渐进、分阶段展开的进阶式评价。新生入学初期，以培养“理想学子”为目标，上好“始业教育课”“开学第一课”，开设创业大讲堂，围绕认知学校和专业、树立目标进行项目设计，让学生点燃梦想火种、锚定学涯目标；大一、大二阶

段，围绕提升专业能力、实践能力和双创能力开展“技能大比武”，让学生拥有扎实的专业知识、丰富的双创经历、强烈的责任意识；大二、大三阶段，围绕深化专业能力、提高实战技能、提升综合能力素养进行项目设计，引导学生热爱职业、敢于创业、勇于担当；大三和毕业后，立足岗位培养“实干学子”为目标，强化跟踪毕业学子就业相关度、薪酬水平、职业岗位变迁等职后发展的跟踪评价，加大对毕业生职业培训和继续教育服务，并把评价结果反馈到人才培养过程，持续、动态地优化人才培养体系，形成人才培养改革创新的良性机制。

该校通过“四位一体”“六维互融”“三化协同”职业教育学业评价改革，不断健全学业评价体系，提高学业评价内容适应性，完善学生学业评价机制，培养了一大批德智体美劳全面发展，综合职业能力高，并契合社会需求的高素质技术技能人才。学校2022届毕业生获取中高级职业技能等级证书人数3354人，占毕业年级学生比例为84.39%；人才培养区域贡献度大，应届毕业生留本地就业率达65%以上，自主创业率稳定在12%左右。

（资料来源：中国教育新闻网–《中国教育报》2024年05月14日第7版，版名：职教周刊·教改探索）

案例二：基于大数据平台（BDSG）的学生成长评价体系——教学评价创新典型案例

利用大数据促进教育发展、推进教育变革已成为共识。某职业技术学院软件技术教学创新团队结合大数据技术发展时势，依据《国家职业教育改革实施方案》《深化新时代教育评价改革总体方案》文件精神，基于Hadoop（分布式系统基础架构）及国产高性能数据库引擎，建立学生德智体美劳大数据平台，实施“五育并举”数字化学生成长评价方案，建模挖掘分析学生行为数据，构成家、校、企多方参与和多维度评价学生成长的信息化支撑平台，构建学生自我学习、自我评价学习成果的线上生态系统，输出学生综评报告单，采用成长档案袋的方式，科学评价学生，探索出了高职院校利用大数据技术助力评价、赋能学生五育发展的实践模式。

（一）构建“5+14”的学生综合素质评价体系

为了全面综合评价学生素质，将学生培养成“五育并举”的高素质技术技能人才，湖北职业技术学院软件技术教学创新团队搭建了学生成长大数据平台，形成崇德、志学、健体、审美、尚勤5个板块和14个项目，实现五育过程的跟踪监测，通过无感式、伴随性的数据采集，实现多维度、综合性、智能化评价。

1. “崇德”板块：守正明德，引导学生成为责任担当者

本板块主要引导学生深学细照、培根铸魂、立德修身、守正笃行。一是通过德育量化管理项目，记录学生早读、早操、出勤、课堂纪律、仪容仪表、宿舍卫生、纪律等行为规范。由教师和学生干部共同打分录入，以规范学生日常行为，让学生形成良好的行为习惯。二是通过德育操作评定项目中学生自评、互评、班主任评价和班级自定义评价，对学生进行思想品德评价，起到规范学生行为的作用。

2. “志学”板块：锤炼技能，打造具有创新精神的问题解决者

本板块主要激发学生求学的内驱力，引导学生将高中专业、大学专业、未来职业和一生想成就的事业这四“业”贯通，使学生学习内驱力更充足，学习方向也更明晰。一是成绩管理项目，负责收集学生考试成绩，并对其他相关情况进行常规记录，还可根据设定的比例对学生的成绩按班级、学科进行分析汇总，方便学生对比不同阶段的学习成绩。二是搭建“我的课程我做主”慕课自主学习项目，教师借助智慧职教慕课平台，上传慕课资源，要求学生按需学习，并自动统计学生学习数据。三是自定义学习成果的“成长档案袋”项目，负责记录学生本人的学习作品、相关证书、工作经历等，引导学生“三省吾身”，审视学习收获，发展自己的特长爱好。四是学生考证数据收集项目，负责收集学生参与的各类考证成绩和类型等数据，自动统计每个学生证书数量，并快速统计出学生的就业资格，及时引导学生获取相应的证书。

3. **“健体”板块：强筋骨、强意志，引导学生成为终身运动者**

本板块主要是引导学生树立健康理念和积极心理意识，养成良好的生活习惯和运动习惯。体育对人的直接作用是“强筋骨、增知识、调感情、强意志”，使身心全面发展。一是通过体育项目收集学生身体健康及体质数据，在国家健康体质数据的基础上增加学生在校体育成绩，为教师引导学生参与体育锻炼提供参考依据，设计合适的方案引导学生“文明其精神，野蛮其体魄”。二是学生生活数据收集项目，负责收集学生就餐、吃零食、去校医室拿药等行为数据，以引导学生正常就餐，多运动，减少就医次数。三是心理健康项目，主要是通过相关心理测试，收集学生的心理健康数据，以便有针对性地进行学生心理辅导工作。

4. **“审美”板块：观察体悟生活，引导学生成长为优雅生活者**

本板块主要引导学生认识美、体验美、感受美、欣赏美和创造美，提升学生对美的感受力、发现（认知）力、鉴赏力、表现力、创造力，培养学生的人文底蕴、基础审美素养和自身专业审美素质。一是“我的图书我做主”人文审美项目，负责引导学生按班级分享读书笔记，教师也推荐阅读书目、写书评，同学可以点赞、评论相关笔记，系统能自动统计学生的读书笔记次数及点赞、评论次数，该系统已成为学校的特色。二是基础审美（社团、课程）项目和专业审美（技能第二课堂）项目，收集和统计学生参与类型、次数、成绩、奖项等数据，全面了解学生课外美育学习熏陶情况。

5. **“尚勤”板块：崇尚劳动，引导学生成为新时代能工巧匠**

本板块主要引导学生劳模精神、劳动精神、工匠精神的养成教育，引导学生成为崇尚劳动、敬业守信、精益求精、敢于创新的“新时代能工巧匠”。一是志愿者数据收集项目，负责收集学生参与志愿活动的次数、类型和表现等，引导学生积极参与志愿活动，并高质量完成志愿活动中的任务。二是勤工俭学数据项目，收集和统计学生参与类型、次数等数据，全面了解学生课外劳动情况。

（二）打造“1+1+1”学生成长大数据评价平台

近4年的改革实验，学生综合素质评价实现评价转型，从单一的学科学业评价走向基于学生全面发展的综合评价，最终建成学生成长大数据评价系统“3个1”，即形成1个特色学生成长平台，构建1个学生综合线上生态系统，鼓励学生个性化学习，输出1份学生综评报告单，起到育人导向和综合素质评价作用。

1. 形成一个高职特色学生成长平台

为了实现综合评价学生素质，将学生培养成五育并举的高素质技术技能人才，学校引进了学生成长平台。该平台是一款基于Hadoop和国产高性能数据库引擎的数据应用工具，是在学校教育数据建模的基础上，对数据进行实时查询或二次输出，实现精准数据筛选、灵活碰撞分析。BDSG平台可利用学生日常数据进行综合评价，实现对教与学过程的跟踪监测，无感式、伴随性的数据采集和多维度、综合性、智能化评价。该平台通过综合分析学生情感、态度、思维和行为等信息，使教学评价更加全面、立体和多元，有利于保障评价结果的科学性和有效性。

2. 构建一个学生综合线上生态系统，鼓励学生个性化学习

学校建立了由学生自主阅读图书、自主慕课课程、自我评价学习成果的综合线上生态项目。在该生态项目中，学生、教师、家长和学校扮演着不同的角色，学生可以展示作品，分享学习的心得体会，了解同伴阅读动态；教师以身示范，分享阅读心得、好书、创意想法，了解学生学习动态，并适时引导；家长可以了解教育常识、学校文化，关注孩子的学习动态；学校可以进行核心理念宣传、文化渗透。

3. 输出一份学生综评报告单，引导学生了解自我、健康成长

学校在实践中建立了14个项目，以“五育并举”为评价准绳，以过程积累的大数据为评价依据，以促进学生发展的“高影响力”活动为评价内容，采用

过程性和发展性评价方式，强调多元化评价主体，形成学生综评报告单。本体系起到育人导向和综合素质评价作用，能够帮助学生了解真实自我，明晰自身的优势特长和发展短板，引导每个学生都找到适合自身成长的方式。

（三）提质增效，助力学生成长成才

经过近4年的实践，本评价体系遵循“客观记录、全面评价、德技并修、体现特色、五育并举、多样成才、健全制度、强化监督”的实施原则，已初步显现成效。

1. 促进了学生个性化学习

本成长评价系统通过教育数据挖掘和学习分析改进了自适应学习系统，自觉参加“我的课程我做主”慕课自主学习项目的学生人数不断增加，促进了学生个性化学习。

2. 深入评价了学生的成长

充分利用大数据，结合学生成长数据和相关职业的能力要求，对学生现状进行了分析赋分，深入评价了学生成长。这不仅让学生个体对自我有全方位了解和持续性激励，也让校方和家长更系统地获取学生成长状态，找到学生更好的成长路径，同时让用人单位根据需求选拔人才。

3. 改善了教育决策

通过利用大数据跟踪学生学习，学校已挖掘出更多的隐性数据及其关联性，从而有效提升了教学预测精准性和决策科学性，促进教育教学效果的优化和质量的提升，使决策者能够及时纠正决策偏差，提高决策质量。

4. 培养了技术人才

近3年，学生参加各类创新、技能大赛获省级以上奖项30多项，其中包括“互联网+”大学生创新创业大赛4个、全国职业院校技能大赛高职组网络系统管理比赛3个、“一带一路”暨金砖国家技能发展与技术创新大赛2个、挑战杯大赛6个、蓝桥杯全国软件和信息技术专业人才大赛（国家级4个，省级3个）、

湖北省金牌主讲人和金牌团支部、全国大学生机械创新设计大赛（国家级1个，省级4个）、全国大学生数学建模竞赛三等奖2个、第十七届“振兴杯”全国青年职业技能大赛（学生组）创新创效赛全国优胜奖1个。

［资料来源：基于大数据平台（BDSG）的学生成长评价体系——教学评价创新典型案例–湖北职业技术学院–信息工程学院（hbvtc.edu.cn），日期：2022年12月18日　作者：胡世港］

二、特色专业的成长评价实践案例

针对专业特点的评价指标设计案例——《某职业技术学院特色专业学生成长评价实践》。

（一）背景

某职业技术学院以培养高素质技术技能人才为目标，在特色专业建设方面不断探索创新。为了更好地促进学生成长，提高人才培养质量，学院针对特色专业的特点，设计了一套科学合理的学生成长评价体系，并在实践中不断创新评价方法。

（二）针对专业特点的评价指标设计

1. 智能制造专业评价指标设计

（1）专业技能指标

①机械设计与制造能力：包括对机械原理的理解、机械零件的设计与绘图能力、机械加工工艺的掌握等。例如，通过学生设计的机械零件图纸质量、加工出的零件精度等进行评价。

②自动化控制技术应用能力：对自动化控制系统的编程、调试与维护能力。如学生对PLC（可编程逻辑控制器）编程的熟练程度、对机器人操作与编程的掌握情况等。

③智能制造系统集成能力：能够将机械、电气、自动化等技术进行集成，实现智能制造系统的设计与运行。评价学生在智能制造项目中的系统集成方案设计、实施效果等。

（2）职业素养指标

①安全意识：在机械加工、自动化设备操作等过程中的安全规范遵守情况。例如，是否正确佩戴个人防护用品、是否严格按照操作规程进行操作等。

②团队协作能力：在智能制造项目中与团队成员的沟通、协作能力。通过小组的项目完成情况、团队成员之间的互评等进行评价。

③创新能力：对智能制造新技术、新工艺的探索与应用能力。如学生提出的创新设计方案、对现有设备的改进建议等。

（3）实践能力指标

①实习实践表现：在企业实习期间的工作态度、专业技能应用、问题解决能力等。企业导师根据学生的实习表现进行评价，学校教师结合实习报告进行综合评定。

②项目实践成果：参与智能制造项目的完成质量、创新性、实用性等。通过项目验收、成果展示等方式进行评价。

2. 数字媒体艺术专业评价指标设计

（1）专业技能指标

①创意设计能力：包括图形设计、动画设计、影视后期制作等方面的创意水平。例如，通过学生的设计作品、动画短片、影视特效作品等进行评价。

②软件操作能力：对数字媒体相关软件的熟练掌握程度，如Photoshop、After Effects、Maya等。以学生使用软件完成的作品质量、操作速度等进行衡量。

③艺术审美能力：对色彩、构图、比例等艺术元素的把握和运用能力。通过作品的视觉效果、艺术感染力等进行评价。

（2）职业素养指标

①版权意识：在数字媒体作品创作过程中对版权法律法规的遵守情况。例如，是否使用合法的素材、是否尊重他人的知识产权等。

②时间管理能力：在项目制作过程中的时间安排和进度控制能力。通过项目的按时完成情况、学生的时间规划记录等进行评价。

③沟通表达能力：与团队成员、客户的沟通能力以及作品展示时的表达能力。如小组讨论中的参与度、作品汇报时的清晰程度等。

（3）实践能力指标

①项目实践经历：参与实际项目的数量、类型和完成质量。例如，学生参与的企业项目、校内实践项目等，通过项目成果和客户反馈进行评价。

②社会实践活动表现：参加数字媒体相关的社会实践活动，如设计比赛、展览展示等的表现和收获。以活动成绩、获奖情况、实践报告等进行综合评定。

（三）多元化评价主体的应用

1. 教师评价

在智能制造专业的工业机器人编程与操作课程中，专业教师不仅通过期末考试来评价学生对机器人编程知识的掌握程度，还在平时的课堂实训中观察学生的操作规范、编程思路和问题解决能力。例如，教师发现一名学生在编程时能够巧妙地运用优化算法提高机器人的运行效率，便在课堂上给予表扬，并在平时成绩中给予加分。

在数字媒体艺术专业的影视后期制作课程中，教师根据学生完成的视频作品，从剪辑技巧、特效运用、画面美感等方面进行评价。对于在作品中展现出独特创意和高超技术的学生，教师会邀请他们在课堂上分享制作经验，既激励了学生，又为其他同学提供了学习的榜样。

2. 企业评价

智能制造专业与当地一家汽车制造企业合作，学生在企业实习期间，企业导师根据他们在生产线上的表现进行评价。有一名学生在实习过程中，主动提出了一种改进汽车零部件装配工艺的建议，被企业采纳后，企业导师在评价中给予了高度评价，并向学校反馈了该学生的优秀表现。

数字媒体艺术专业与一家广告公司合作开展项目，学生参与广告片的制作。广告公司的创意总监在评价学生作品时，不仅关注技术层面的表现，还注重学生对客户需求的理解和创意的独特性。例如，有一组学生制作的广告片在创意上突破传统，结合了当下流行的短视频风格，得到了广告公司的高度认可。

3. 学生自评与互评

在智能制造专业的小组项目中，学生完成一个自动化生产线的设计与搭建任务后，进行自评与互评。学生们会反思自己在项目中的贡献，如是否积极参与讨论、是否按时完成任务、是否充分发挥自己的专业优势等。同时，他们也会评价小组其他成员的表现，如团队协作能力、沟通能力等。通过这种方式，学生们能够更好地认识自己的优点和不足，提高自我管理和团队合作能力。

在数字媒体艺术专业的作品创作课程中，学生们在完成作品后进行互相评价。他们会从创意、技术、艺术感染力等方面对同学的作品提出意见和建议。例如，一名学生在评价同学的动画作品时，指出了画面色彩搭配不协调的问题，并提出了改进建议，这种互评方式促进了学生之间的学习和交流。

（四）过程性评价与结果性评价相结合的应用

1. 过程性评价

在智能制造专业的智能制造系统集成课程中，教师采用过程性评价的方式，关注学生在项目各个阶段的表现。在项目启动阶段，教师评价学生的项目规划和需求分析能力；在设计阶段，评价学生的系统架构设计和技术选型能力；在实施阶段，评价学生的编程与调试能力；在验收阶段，评价学生的项目成果和文档撰写能力。通过这种方式，教师能够及时发现学生在学习过程中存在的问题，并给予针对性的指导。

在数字媒体艺术专业的图形设计课程中，教师在每次作业批改后，都会给学生提供详细的反馈意见，指出作品的优点和不足之处，并提出改进建议。同时，教师还会记录学生在整个课程中的进步情况，作为过程性评价的重要依据。例如，一名学生在课程初期的作品较为简单，经过教师的指导和自己的努力，在课程后期的作品有了很大的提升，教师在过程性评价中给予了充分肯定。

2. 结果性评价

在智能制造专业的毕业设计中，学生需要独立完成一个智能制造系统的设计与实现项目，并撰写毕业设计报告。评审团队由学校教师和企业专家组成，他们根据项目的创新性、实用性、技术难度和文档质量等方面进行评价。例如，有一名学生设计的智能仓储系统，采用了先进的传感器技术和自动化控制算法，提高了仓储效率和管理水平，得到了评审团队的高度评价。

在数字媒体艺术专业的毕业设计中，学生以个人或小组的形式完成一部动画短片、影视广告或交互设计作品，并进行作品展示和答辩。评审团队根据作品的创意、技术水平、艺术感染力和答辩表现等方面进行评价。例如，有一组学生制作的动画短片以环保为主题，画面精美，故事感人，在答辩中也能够清晰地阐述创作思路和技术难点，最终获得了优秀毕业设计的荣誉。

（五）实践能力评价创新方法的应用

1. 项目驱动评价

在智能制造专业的工业机器人应用项目实训课程中，学生以小组为单位完成一个工业机器人应用项目，如汽车零部件焊接、电子产品组装等。教师和企业导师根据项目的完成时间、质量、成本控制和团队协作等方面进行评价。例如，有一个小组在完成汽车零部件焊接项目时，不但提前完成了任务，而且焊接质量非常高，同时还通过优化编程降低了机器人的能耗，在项目驱动评价中获得了高分。

在数字媒体艺术专业的交互设计项目实践课程中，学生与企业合作，为企业设计一款移动应用的交互界面。学生们需要进行用户调研、需求分析、原型设计和用户测试等环节，最终提交完整的交互设计方案。企业根据方案的可行性、用户体验和创新性等方面进行评价，并为优秀方案提供实际应用的机会。例如，有一组学生设计的一款教育类移动应用的交互界面，简洁美观，操作便捷，得到了企业的高度评价，并被应用到了企业的产品中。

2. **作品展示评价**

在数字媒体艺术专业的动画短片创作课程中，学生们在课程结束时举办作品展示活动，邀请学校教师、企业专家和其他专业的学生参加。评审团队根据作品的创意、技术水平、艺术感染力和观众投票等方面进行评价。例如，有一部学生创作的动画短片以中国传统文化为主题，采用了独特的手绘风格，在展示活动中受到了广泛好评，获得了作品展示评价的高分。

在智能制造专业的创新设计项目课程中，学生们展示自己设计的创新产品或解决方案，如智能家居系统、智能医疗设备等。评审团队由学校教师、企业专家和行业协会代表组成，他们根据作品的创新性、实用性、技术难度和商业价值等方面进行评价。例如，有一名学生设计的一款智能康复设备，结合了人工智能和生物力学技术，为残疾人的康复训练提供了新的解决方案，在作品展示评价中获得了高度赞誉。

（六）总结

某职业技术学院通过针对特色专业特点设计评价指标，创新评价方法，有效地促进了学生的成长和发展。多元化的评价主体、过程性评价与结果性评价相结合以及实践能力评价的创新方法，为提高人才培养质量提供了有力保障。

三、校企合作下的成长评价探索案例

以下是职业技术学院校企合作下的学生成长评价探索案例。

（一）背景

在职业教育蓬勃发展的当下，校企合作成为提升职业技术学院教育质量和学生综合素质的重要途径。某职业技术学院积极探索校企合作下的学生成长评价模式，旨在为学生的成长提供更全面、客观的反馈，同时提高学生的就业竞争力。

（二）企业参与评价的方式与作用

1. 方式

（1）实习表现评价　学生在企业实习期间，企业为每位学生指定一名导师。导师根据学生的日常工作表现，包括工作态度、专业技能应用、团队协作能力等方面进行评价。例如，在电子制造企业实习的学生，企业导师会观察他们在生产线操作中的严谨性、对电子元件焊接技术的掌握程度以及与同事沟通合作的情况。

企业还会通过定期的实习考核，如项目完成情况、问题解决能力测试等，对学生进行综合评估。例如，在软件开发企业实习的学生，可能需要完成一个小型软件项目，并在规定时间内进行演示和答辩，企业技术人员会根据项目的质量和学生的表现进行打分。

（2）项目合作评价　学校与企业共同开展项目合作，学生参与其中。企业根据学生在项目中的贡献度、创新能力、对企业实际需求的理解等进行评价。例如，在建筑设计项目中，企业设计师会与学校教师共同指导学生，对学生的设计方案、绘图能力、对建筑规范的遵守等方面进行评价。

企业邀请学生参与企业内部的项目竞赛，与企业员工同台竞技。通过这种方式，企业可以更直观地了解学生的专业水平和潜力，同时也激发了学生的竞争意识和创新精神。

（3）反馈与建议　企业定期向学校反馈学生的实习情况和评价结果，包括学生的优点和不足之处。学校根据这些反馈及时调整教学内容和方法，以更好地满足企业需求。例如，如果企业反馈学生在沟通能力方面有所欠缺，学校可以在后续的课程中增加沟通技巧的培训。

企业为学校的专业建设和课程设置提供建议。企业根据行业发展趋势和自身的人才需求，对学校的专业方向、课程内容、实践教学环节等提出宝贵意见。例如，在新能源汽车行业迅速发展的背景下，相关企业可以建议学校增加新能源汽车技术方面的课程和实践项目。

2. **作用**

（1）提升评价的客观性　企业作为用人单位，对学生的职业素养和专业技能有更直接的需求和更严格的标准。企业参与评价可以使学生成长评价更加客观、真实地反映学生在实际工作中的表现和能力，避免学校单一评价的局限性。

企业的评价标准往往与行业标准紧密结合，能够引导学生更好地适应未来的职业发展，提高学生对行业的认知和职业规划的准确性。

（2）增强学生的实践能力　企业导师在实习过程中的指导和评价，能够让学生更好地了解企业的工作流程和实际需求，及时发现自己在专业技能方面的不足，并进行有针对性的学习和提高。例如，在机械加工企业实习的学生，通过企业导师的指导，能够掌握更先进的加工工艺和设备操作方法。

企业参与项目合作和竞赛，为学生提供了更多的实践机会和创新平台，激发学生的实践能力和创新思维。学生在实际项目中锻炼自己，提高了解决实际问题的能力，为未来的职业发展积累宝贵经验。

3. **促进学校教育改革**

企业的反馈和建议为学校的教育教学改革提供了重要依据。学校可以根据企业的需求调整专业设置、优化课程体系、改进教学方法，提高人才培养质量，使学校培养的学生更符合企业和市场的需求。

企业与学校的紧密合作可以促进学校教师的专业发展。教师通过参与企业项目和与企业技术人员的交流，了解行业最新动态和技术发展趋势，提升自己的实践教学能力和专业水平。

（三）评价对学生就业的促进效果

1. 提高就业竞争力

企业参与评价使学生的成长评价更加全面、客观，学生在求职过程中可以向用人单位展示更丰富、更有说服力的评价结果。例如，学生的实习评价报告、项目合作成果等都可以作为求职材料的重要组成部分，增加学生的就业竞争力。

企业对学生的认可和推荐也为学生的就业提供了有力支持。如果学生在实习期间表现优秀，企业可能会直接向其他企业推荐，或者在企业招聘时优先考虑这些学生。

2. 增强就业适应性

通过企业参与评价，学生在学习过程中就能够了解企业的工作环境、文化和需求，提前做好职业准备。这使得学生在毕业后能够更快地适应工作岗位，减少就业后的适应期，提高就业稳定性。

评价过程中注重对学生职业素养的培养，如团队协作、沟通能力、责任心等，这些素养在就业中同样至关重要。学生具备良好的职业素养，能够更好地融入企业团队，提高工作效率和质量。

3. 拓展就业渠道

校企合作下的学生成长评价为学生提供了更多与企业接触的机会。学生在实习、项目合作等过程中，可能会被企业发现并提前预定，或者通过企业的推荐获得其他企业的就业机会。

学校与企业的紧密合作也为学生提供了更多的就业信息和资源。学校可以邀请企业来校举办招聘会、宣讲会等活动，为学生提供更多的就业选择。

4. **总结**

某职业技术学院在校企合作下的学生成长评价探索中，充分发挥了企业的作用，实现了学校、企业和学生的三方共赢。企业参与评价不仅提升了评价的客观性和科学性，还增强了学生的实践能力和就业竞争力，为学生的未来发展奠定了坚实的基础。在未来的发展中，学校将继续深化校企合作，不断完善学生成长评价体系，为培养更多高素质的技术技能人才做出更大的贡献。

第二节　国外先进经验借鉴

一、发达国家高职院校的评价体系

案例一：美国印第安纳州某汽车技术职业学校评价模式

以下是一份关于印第安纳州某汽车技术职业学校的详细评价模式。

（一）理论知识考核（课堂测试与作业评估）

定期课堂测试：教师会在课程进行的不同阶段安排小测验、期中及期末考试。这些测试的内容紧密围绕汽车技术的基础理论知识，如汽车机械原理、汽车电子系统、汽车动力系统、汽车材料等。通过选择题、填空题、简答题等多种题型，考查学生对理论知识的掌握程度。例如，在汽车机械原理的课堂测试中，可能会让学生解释发动机的工作循环，或者分析变速器的传动比等问题。每次测试的成绩都会按一定比例计入学生的总评成绩，占比通常在20%。

作业与项目报告：教师会布置课后作业和项目报告，让学生在课后对所学理论知识进行深入理解和应用。作业形式包括书面作业、在线作业、小组作业等。例如，学生可能需要完成一份关于汽车某一系统故障分析的书面作业，或者参与一个小组项目，共同研究并撰写关于新能源汽车发展趋势的报告。教师会根据作业的完成质量、分析深度、逻辑清晰度等方面进行评分，作业成绩占总评成绩的15%。

理论知识竞赛：学校定期举办汽车技术理论知识竞赛，鼓励学生积极参与。竞赛内容涵盖汽车技术的各个领域，通过竞赛的形式激发学生学习理论知识的积极性和主动性。竞赛成绩优秀的学生可以获得额外的奖励学分，并且该成绩也会作为学生理论知识掌握程度的重要参考，纳入评价体系，占总评成绩的5%。

（二）实践技能考核

1. 校内实训考核

日常实训表现评估：在学校的汽车实训车间，学生进行日常的实践操作训练，教师会对学生的实训表现进行实时观察和记录。包括学生的操作规范程度、工具使用的熟练程度、对设备的维护情况等。例如，在汽车发动机拆装实训中，教师会关注学生是否按照正确的步骤进行拆装，是否能够正确使用各种工具，以及是否在操作过程中注意保护发动机的零部件等。日常实训表现的成绩占实践技能总评成绩的20%。

实训项目完成情况考核：学校会安排一系列的实训项目，让学生独立或小组合作完成。这些项目与实际的汽车维修和保养工作紧密相关，如汽车故障诊断与排除、汽车保养流程操作、汽车零部件修复等。学生需要提交实训项目报告，详细记录项目的实施过程、遇到的问题及解决方法、最终的结果等。教师会根据项目报告的质量以及学生在项目中的实际表现进行评分，占实践技能总评成绩的10%。

2. 校外实习评价

企业导师评价：学生到与学校合作的汽车企业或维修店进行校外实习，企业会安排专门的导师对学生的实习表现进行评价。评价内容包括工作态度、专业技能的应用能力、团队协作能力、学习能力等。企业导师会根据学生在实习期间的表现给出相应的评分和评语，该评价结果占学生总评成绩的10%。

实习报告与总结：学生在实习结束后，需要撰写实习报告和总结，反思自己在实习过程中的收获和不足。实习报告的内容包括实习单位的介绍、实习的主要工作内容、遇到的问题及解决方法、对汽车技术行业的认识等。教师会根据实习报告的质量进行评分，占总评成绩的20%。

（三）行业认证与技能竞赛

行业认证鼓励：学校鼓励学生参加汽车行业的相关认证考试，如美国汽车服务卓越协会（ASE）认证。学生通过这些认证考试，不但可以获得行业认可的证书，提升自己的就业竞争力，而且认证成绩也会作为学生评价的重要依据。例如，获得ASE认证的某个级别，学生可以在总评成绩中获得额外的加分，加分的幅度根据认证的难度和重要性而定。

技能竞赛参与：学校积极组织学生参加各类汽车技术技能竞赛，如地区性、全国性的汽车维修技能大赛、汽车改装大赛等。学生在竞赛中的表现可以充分展示他们的专业技能水平和创新能力。竞赛成绩优异的学生将获得学校的表彰和奖励，并且竞赛成绩也会在学生的评价中占有重要的比重。例如，在国家级的汽车维修技能大赛中获得奖项的学生，可以在总评成绩中获得较高的加分。

（四）综合素质评价

团队协作能力评估：在一些实践项目和课程作业中，学生需要以小组的形式完成任务。教师会观察学生在小组中的表现，评估他们的团队协作能力，包括沟通能力、分工合作能力、解决团队冲突的能力等。例如，在汽车营销课程的小组作业中，教师会关注学生是否能够有效地与小组成员沟通，共同制订营销策略，以及在遇到意见分歧时是否能够妥善解决。团队协作能力的评价结果占总评成绩的10%~15%。

职业道德与职业素养评价：学校注重培养学生的职业道德和职业素养，如诚实守信、责任心、安全意识等。教师会通过课堂表现、实习表现、案例分析等方式对学生的职业道德和职业素养进行评价。例如，在汽车维修实训中，教师会观察学生是否遵守安全操作规程，是否对客户的车辆负责，以及是否能够保守客户的隐私等。职业道德与职业素养的评价结果占总评成绩的5%~10%。

（五）评价体系的优点与缺点

1. 优点

（1）理论与实践结合紧密　通过理论知识考核（包括课堂测试、作业评估、理论知识竞赛等）和实践技能考核（校内实训考核、校外实习评价），全面检验学生在汽车技术方面的知识和技能掌握情况，使学生既具备扎实的理论基础，又能熟练掌握实际操作技能，更好地适应未来工作需求。

（2）注重行业接轨　鼓励学生参加行业认证考试和技能竞赛，获得行业认可的证书和在竞赛中取得优异成绩，不仅能提升学生的就业竞争力，还能促使学校的教学内容与行业最新标准和趋势保持同步，让学生毕业后能迅速融入汽车技术行业。

（3）强调综合素质培养　对学生的综合素质进行评价，如团队协作能力评估和职业道德与职业素养评价等，有助于培养学生具备良好的团队合作精神、沟通能力，树立正确的职业态度和道德观念，这些非技术能力在职业生涯中同样至关重要。

（4）评价方式多元化　采用多种评价方式，如考试、作业、项目报告、实践操作、企业评价、竞赛等，避免了单一评价方式的局限性，能更全面、客观地反映学生的学习成果和能力水平，减少因评价方式单一而导致的片面性。

2. **缺点**

（1）评价体系可能较为复杂　多种评价方式和内容的结合，虽然能全面评估学生，但也可能导致评价体系过于复杂，在实施过程中需要投入大量的时间、人力和物力来组织和管理，增加了学校和教师的工作负担。

（2）行业认证和竞赛压力　鼓励学生参与行业认证和技能竞赛可能会给学生带来较大的压力，尤其是对于那些在理论学习或实践技能方面存在一定困难的学生，可能会为了获取证书或在竞赛中取得好成绩而过度焦虑，影响其身心健康和学习的积极性。

（3）企业评价的主观性　校外实习评价中，企业导师的评价可能存在一定的主观性，不同导师的评价标准和侧重点可能有所不同，这可能会影响评价结果的客观性和公正性。

（4）对创新能力关注可能不足　虽然评价模式注重学生的实践技能和综合素质，但可能在对学生创新能力的培养和评价方面关注不够。在汽车技术快速发展的今天，创新能力对于学生未来在行业中的发展至关重要，评价模式若不能有效引导和激励学生的创新思维和创新实践，可能会使学生在这方面的发展受到一定限制。

案例二：德国巴登-符腾堡州双元制大学学生评价模式

（一）评价模式

采用企业实践与学校理论学习紧密结合的“双元制”教育模式。学生一方面在企业中进行实际工作，由企业导师根据工作表现、专业技能掌握程度、职业素养等方面进行评价；另一方面在学校学习理论知识，由学校教师根据课程成绩、项目完成情况、课堂参与度等进行评价。

评价过程贯穿整个学习阶段，包括入学前的职业适应性测试、学习过程中的阶段性考核以及毕业时的综合评估。

（二）评价特点

1. 企业深度参与评价

企业在学生成长评价中扮演关键角色，确保培养出的学生符合企业实际需求，毕业后能迅速融入工作岗位。

2. 强调实践能力

评价重点放在学生在企业实践中的表现，注重培养学生的实际操作能力和解决问题的能力。

3. 持续反馈与改进

企业导师和学校教师会定期向学生提供反馈，帮助学生及时发现问题并改进，促进学生不断成长。

（三）实施效果与经验总结

1. 实施效果

毕业生具有较高的就业竞争力，深受企业欢迎。学生在学习过程中能够获得丰富的实践经验和专业技能，为未来职业发展打下坚实基础。

2. 经验总结

成功的关键在于企业与学校的紧密合作，明确双方在评价中的责任和角色，共同为学生的成长提供支持。

（四）评价体系的优点与缺点

1. 优点

（1）理论与实践紧密结合

①实践能力强：通过在企业的实习和项目工作，学生能将所学理论知识直接应用于实际，有效提升实践操作技能和问题解决能力，更好地适应未来职业需求。例如，工程技术专业学生在企业参与实际工程项目，掌握设备操作、工艺实施等技能，毕业时其实践能力远超普通大学学生。

②知识实用性高：企业的参与使得教学内容紧密结合行业需求和最新技术发展，学生学到的知识和技能具有很强的实用性和针对性，能迅速在工作中发挥作用。以信息技术专业为例，学生在企业能接触到最新的软件和技术，学习的内容更符合市场实际需求。

（2）企业深度参与评价

①就业竞争力强：企业对学生实习表现的评价是成长评价体系的重要部分，这使得学生在学习过程中更加注重培养职业素养和团队协作能力，提高了就业竞争力。企业实习经历和良好的评价，能让学生在毕业后更容易获得企业的认可和录用。例如，在酒店管理专业，学生在实习期间展现出的服务意识、沟通能力和团队合作能力，会受到酒店企业的高度重视，增加就业机会。

②符合企业需求：企业根据自身需求和标准参与评价，有助于学校培养出更符合企业实际需求的人才，减少了学校教育与企业需求之间的差距，提高了人才培养的质量和效率。

（3）全面综合的评价方式

①促进学生全面发展：该评价体系涵盖理论学习成绩、实习表现、综合能力与素质等多方面，不仅关注学生的学术能力，还注重职业素养、团队合作、沟通能力等关键能力的培养，有利于学生全面发展，成为综合型高素质人才。例如，学生在小组项目中锻炼沟通协作能力，在解决复杂问题时提升创新思维能力。

②更客观准确地反映学生能力：多元化的评价方式避免了单一考试评价的局限性，能更全面、客观地反映学生的真实能力和水平，为学生的发展提供更准确的指导，帮助学生发现自己的优势和不足，有针对性地进行提升。

2. **缺点**

（1）毕业难度较大

①学业压力重：理论学习时间相对较短，学生需要在较短时间内修完大量

学分，且课程考试集中，这对学生的学习能力和时间管理能力要求极高，容易导致学业压力过大。如巴登–符腾堡州双元制大学的机电系学生，要在一年半内修满普通大学三年的学分，还可能面临两周多科笔试的压力。

②实习与论文要求高：实习期间要完成项目论文，对于学生的实践能力、研究能力和写作能力都是挑战，特别是对于语言能力还不够熟练的留学生，撰写大量的项目论文可能存在困难。像有的学生可能需要在实习期间完成多篇数十页甚至更长篇幅的论文。

（2）国内认可度可能较低

①文凭认知度有限：尽管在德国双元制大学教育具有较高的声誉和质量，但在国内，由于对这种教育模式了解相对较少，部分企业和用人单位可能对其文凭的认可度较低，这可能会对学生回国就业产生一定影响，在竞争激烈的国内就业市场中，可能处于劣势。

②缺乏宣传与了解：国内对于德国双元制大学的宣传推广不足，导致其知名度和影响力相对较小，企业和社会对其培养模式、学生能力和学历价值缺乏足够了解，影响了学生的就业机会和职业发展。

（3）对学生的适应能力要求高

①生活与学习环境频繁切换：学生需要在学校和企业之间频繁切换，分别适应不同的环境和要求，包括安排不同地点的住所、适应不同的工作节奏和学习氛围等，这对学生的适应能力和自我管理能力是很大的考验。例如，如果企业在偏远地区，学生可能需要解决交通和住宿等问题。

②语言与文化适应问题：在企业实习期间，与同事和领导的交流都需要流利的德语，对于刚到德国的留学生，尤其是语言基础较弱的留学生，语言障碍可能会影响他们在实习中的表现和与他人的沟通，进而影响评价结果。同时，学生还需要适应德国的企业文化和工作方式，这也需要一定的时间和过程。

案例三：澳大利亚TAFE（Technical and Further Education，职业技术教育）学院学生评价模式

（一）评价模式

以能力为本位进行评价，明确各专业所需的核心能力和技能。评价内容包括理论知识掌握、实践技能操作、团队合作能力、沟通能力等多个方面。

采用多样化的评价方式，如实践考核、项目报告、案例分析、小组作业、面试等，全面评估学生的综合能力。

（二）课程的考核方式

1. 作业与项目

（1）书面作业 涵盖课程相关的理论知识问题解答、案例分析、报告撰写等。例如，在商业管理课程中，学生可能需要分析一个企业的经营案例，提出解决方案并撰写报告。教师通过评估学生对理论知识的理解和应用能力，以及分析问题、解决问题的逻辑思维能力来给出相应分数。

通常会规定明确的格式要求和提交期限，培养学生的时间管理和规范写作能力。

（2）实践项目 涉及实际操作和项目执行。以信息技术课程为例，学生可能需要完成一个软件项目的开发，从需求分析、设计、编码到测试，整个过程都要展示出专业技能和团队协作能力。

项目通常以小组形式进行，学生需要分工合作，共同完成项目目标。教师会根据项目的完成质量、创新性、团队协作等方面进行评估。例如，项目的功能完整性、用户界面设计的合理性、团队成员之间的沟通与协调等都是考核的重点。

2. 考试

（1）理论考试 主要考查学生对课程核心理论知识的掌握程度。可能包括

选择题、填空题、简答题和论述题等多种题型。例如，在工程技术课程中，理论考试可能会涉及专业原理、计算公式、技术标准等内容。教师通过考试成绩来判断学生对理论知识的记忆、理解和运用能力。

（2）实践考试　重点评估学生的实际操作技能。如在烹饪课程中，学生需要在规定时间内完成一系列菜品的制作，教师会根据菜品的口味、外观、制作工艺等进行打分。

实践考试通常在专门的实验室或工作场所进行，模拟真实的工作环境，以确保学生能够在实际工作中熟练运用所学技能。

3. 实习表现

（1）企业评价　TAFE课程非常重视实习环节，学生需要在相关企业进行一段时间的实习。企业导师会根据学生在实习期间的工作态度、专业技能表现、团队合作能力、遵守规章制度等方面进行评价。例如，在酒店管理课程中，学生在酒店实习期间，酒店经理会对学生的服务意识、沟通能力、应急处理能力等进行评估，并将评价结果反馈给学校。

（2）实习报告　学生在实习结束后需要提交实习报告，总结实习期间的收获、体会和遇到的问题。实习报告要求学生对实习经历进行深入反思，分析自己在专业技能和职业素养方面的成长与不足。教师会根据实习报告的内容质量、分析深度等进行评分。

4. 课堂表现与参与度

（1）课堂参与　包括课堂提问、小组讨论、案例分析等环节的表现。积极参与课堂互动的学生通常会得到更高的分数。例如，在语言课程中，学生的口语表达能力、参与讨论的积极性等都是考核的重要方面。教师通过观察学生的课堂表现，评估学生的学习态度、沟通能力和团队协作精神。

（2）出勤情况　良好的出勤是学习态度的重要体现。TAFE课程对学生的出勤有严格要求，无故缺勤会影响最终成绩。教师会记录学生的出勤情况，并将其作为考核的一部分。

5. **行业认证与竞赛**

（1）行业认证　部分TAFE课程与行业认证相结合，学生通过参加相关的行业认证考试，获得行业认可的证书。例如，在汽车维修课程中，学生可以参加汽车维修技师认证考试，获得相应的职业资格证书。

获得行业认证不仅可以增加学生的就业竞争力，还可以作为课程考核的重要依据。

（2）技能竞赛　鼓励学生参加各类技能竞赛，竞赛成绩可以作为课程考核的加分项。例如，在美容美发课程中，学生参加专业技能竞赛获得奖项，可以为课程成绩带来显著提升。

技能竞赛可以激发学生的学习热情和创新精神，同时也为学生提供了展示自己才能的平台。

（三）以酒店管理专业为例

1. **实践考核**

学生在酒店实习期间，会被分配到不同的部门，如前台、客房服务部、餐饮部等。企业导师会根据学生在各个部门的工作表现进行评价，包括服务态度、专业技能、工作效率等方面。例如，在前台工作的学生，评价指标可能包括接待客人的速度和准确性、处理投诉的能力等；在客房服务部的学生，评价指标可能包括房间清洁的质量、整理床铺的速度等；在餐饮部的学生，评价指标可能包括服务的周到程度、菜品介绍的准确性等。

学生需要参与酒店组织的大型活动，如婚礼、会议等的服务工作。活动结束后，企业导师会根据学生在活动中的表现进行评价，包括团队协作能力、应急处理能力等方面。例如，在婚礼服务中，学生需要与其他部门的同事密切配合，确保婚礼的顺利进行。如果出现突发情况，如客人身体不适或设备故障，学生需要能够迅速做出反应，采取有效的措施解决问题。

2. **项目作业**

学生需要完成一个酒店管理项目，如设计一个酒店的营销策略、制订一个酒店的服务标准等。项目作业要求学生结合所学的理论知识和实际工作经验，提出具有可行性的方案。教师会根据项目的创新性、可行性、完整性等方面进行评价。例如，在设计酒店营销策略的项目中，学生需要考虑目标市场、竞争对手、营销渠道等因素，提出具有针对性的营销方案。教师会评价学生的市场分析是否准确、营销方案是否具有创新性和可行性等。

3. **课堂表现**

在课堂上，教师会通过小组讨论、案例分析、角色扮演等方式，考查学生的沟通能力、团队协作能力、问题解决能力等。例如，在小组讨论中，教师会观察学生是否能够积极参与讨论、表达自己的观点、倾听他人的意见等；在案例分析中，教师会要求学生分析酒店经营中出现的问题，并提出解决方案，考查学生的问题解决能力和决策能力；在角色扮演中，教师会让学生扮演酒店工作人员和客人，模拟实际工作场景，考查学生的服务态度和专业技能。

（四）以汽车维修专业为例

1. **实践操作考核**

学生在汽车维修车间进行实践操作，教师会根据学生的操作技能、安全意识、工作效率等方面进行评价。例如，在更换汽车零部件的操作中，评价指标可能包括操作的准确性、速度、工具的使用是否正确等；在汽车故障诊断的操作中，评价指标可能包括诊断的准确性、故障排除的速度等。

学生需要参与汽车维修项目，如整车大修、发动机维修等。项目结束后，教师会根据项目的完成质量、团队协作能力等方面进行评价。例如，在整车大修项目中，学生需要与其他同学合作，完成汽车的拆卸、维修、组装等工作。教师会评价学生的团队协作是否默契、维修质量是否符合标准等。

2. **理论考试**

学生需要参加汽车维修理论考试，考查学生对汽车构造、原理、维修技术等方面的知识掌握程度。考试形式可能包括选择题、填空题、简答题、论述题等。例如，在选择题中，考查学生对汽车零部件名称、功能、型号等方面的知识；在简答题中，考查学生对汽车故障诊断方法、维修流程等方面的知识；在论述题中，考查学生对汽车维修行业发展趋势、新技术应用等方面的理解和认识。

3. **职业素养评价**

教师会观察学生在学习和实践过程中的职业素养表现，包括工作态度、责任心、团队合作精神、沟通能力等方面。例如，在工作态度方面，评价指标可能包括是否按时出勤、是否认真完成任务、是否遵守车间规章制度等；在责任心方面，评价指标可能包括对工作的认真程度、对客户车辆的爱护程度等；在团队合作精神方面，评价指标可能包括是否能够与同学友好相处、是否能够积极参与团队活动、是否能够为团队贡献自己的力量等；在沟通能力方面，评价指标可能包括是否能够与客户进行有效的沟通、是否能够与教师和同学进行良好的交流等。

（五）以美容美发专业为例

1. **实践技能考核**

学生在美容美发工作室进行实践操作，教师会根据学生的发型设计、化妆技巧、美容护理等方面的技能水平进行评价。例如，在发型设计中，评价指标可能包括发型的创意性、适合度、操作的熟练程度等；在化妆技巧中，评价指标可能包括妆容的美观度、适合度、化妆速度等；在美容护理中，评价指标可能包括护理的效果、操作的规范性、对客户需求的满足程度等。

学生需要参与美容美发比赛或活动，展示自己的技能水平和创意能力。比赛或活动的评委可能包括行业专家、教师、客户等。评委们会根据学生的表现进行评价，评选出优秀作品和选手。例如，在发型设计比赛中，评委们会评价学生的发型设计是否具有创意、是否符合时尚潮流、是否适合模特的气质等。

2. 客户满意度评价

学生在为客户提供服务后，客户会对学生的服务质量进行评价。评价内容可能包括服务态度、专业技能、效果满意度等方面。学校会收集客户的评价意见，作为学生成长评价的重要参考。例如，客户可能会评价学生的服务态度是否热情、专业技能是否熟练、发型设计或化妆效果是否满意等。

3. 理论知识考核

学生需要参加美容美发理论考试，考查学生对美容美发知识的掌握程度。考试内容可能包括皮肤护理知识、发型设计原理、化妆技巧、产品知识等方面。考试形式可能包括选择题、填空题、简答题、论述题等。例如，在选择题中，考查学生对美容美发产品品牌、功效、使用方法等方面的知识；在简答题中，考查学生对皮肤护理步骤、发型设计原则等方面的知识；在论述题中，考查学生对美容美发行业发展趋势、新技术应用等方面的理解和认识。

（六）澳大利亚TAFE学院学生成长评价的优缺点

1. 优点

（1）与实践紧密结合

①实践能力考核占比高：TAFE的课程注重实践教学，学生成长评价中实践操作、实习表现等方面占较大比重。这能真实反映学生在实际工作中的技能水平和应对问题的能力，确保学生毕业后能快速适应工作岗位。例如，在烹饪专业中，学生的菜品制作水平、厨房管理实践等都是重要的考核内容，这使得学生在学习过程中能不断提升自己的动手能力和实际操作经验。

②企业参与评价：企业在学生实习期间会对学生的工作表现进行评价，这是学生成长评价的重要组成部分。企业的评价基于实际工作场景和职业标准，

能够更准确地反映学生的职业素养和工作能力，也为学生提供了与行业紧密接触的机会，帮助他们了解行业需求和职业发展方向。

（2）评价方式多元化

①综合考核：除了理论考试和实践操作考核外，还包括项目作业、小组作业、课堂表现、作业完成情况等多方面的考核。这种多元化的评价方式能够全面地评估学生的知识掌握、技能水平、团队协作能力、沟通能力等综合素质。如在汽车维修专业，学生不仅要通过理论考试了解汽车的构造和原理，还要参与实际的汽车维修项目，同时在小组作业中展示与同学的合作能力。

②阶段性评价：课程学习过程中会进行多次阶段性评价，而不是仅仅依靠期末考试来评定学生的成绩。这有助于学生及时了解自己的学习进展和不足之处，以便及时调整学习方法和策略，也能让教师更好地掌握学生的学习情况，提供针对性的指导。

（3）灵活性与个性化

①学分制管理：TAFE学院采用学分制，学生可以根据自己的学习能力和兴趣选择不同的课程和学习进度，修满规定的学分即可毕业。这种灵活性使得学生能够在一定程度上根据自己的需求和情况制订个性化的学习计划，有利于发挥学生的学习主动性和积极性。

②认可过往学习经历：对于有相关工作经验或之前接受过相关培训的学生，TAFE学院会认可他们的过往学习经历，并给予相应的学分减免或豁免。这不仅节省了学生的学习时间和成本，也体现了对学生多样化学习背景的尊重和认可。

（4）就业导向明确

①与职业资格认证紧密结合：TAFE的课程与澳大利亚的职业资格认证体系紧密相关，学生在完成学业后可以获得相应的职业资格证书。这种评价体系使得学生的学习成果能够得到行业的认可，提高了学生的就业竞争力，也为企业招聘提供了可靠的参考标准。

②就业反馈纳入评价：学校会关注毕业生的就业情况，并将其作为评价教学质量和学生成长的一个重要指标。通过收集毕业生的就业信息和雇主的反馈意见，学校可以不断改进教学内容和方法，以更好地满足市场需求。

（5）师资专业性强

①教师经验丰富：TAFE的教师大多具有丰富的行业工作经验，他们能够将实际工作中的案例和经验融入教学中，为学生提供更贴近实际的教学内容和指导。在学生成长评价中，教师的专业意见和评价具有较高的可信度和参考价值。

②教师参与评价过程：教师在学生的日常学习、实践指导、项目评估等环节中都扮演着重要的角色，他们对学生的学习情况和能力水平有深入的了解，能够给予准确的评价和反馈，帮助学生不断提高自己的学习能力和专业水平。

2. **缺点**

（1）理论知识考核相对较弱

①课程深度不足：由于TAFE的课程重点在于培养学生的实践技能，因此在理论知识的教学和考核方面可能相对不够深入。这可能导致部分学生在理论基础方面相对薄弱，对于一些需要深入理论知识支撑的职业发展或进一步深造可能会产生一定的限制。例如，在工程技术领域，如果学生想要从事研发工作，可能会发现自己的理论知识储备不足。

②考试标准较低：理论考试的难度和标准相对低于大学本科教育，这在一定程度上可能会影响学生对理论知识的重视程度和学习动力。一些学生可能会过于注重实践操作而忽视理论学习，影响其知识体系的全面性和系统性。

（2）评价标准可能存在主观性

①企业评价差异：不同企业的评价标准和侧重点可能会有所不同，这可能导致学生在不同企业实习时获得的评价存在差异。一些企业可能更注重学生的工作态度和团队合作能力，而另一些企业可能更关注学生的专业技能水平，这种评价标准的不一致性可能会影响学生成长评价的客观性和公正性。

②教师主观因素：教师在评价学生的过程中也可能会受到主观因素的影响，如个人偏好、教学风格等。虽然教师会尽量保持客观公正，但不可避免地会存在一些主观判断，这可能会对学生的评价结果产生一定的影响。

（3）对学生自主学习能力要求较高

①自我管理挑战：学分制和灵活的学习方式要求学生具有较强的自我管理和自主学习能力。对于一些学习习惯较差或自我管理能力较弱的学生来说，可能会在选择课程、安排学习进度等方面遇到困难，导致学习效果不佳。如果学生不能有效地规划自己的学习时间和任务，可能会影响到他们的学业进展和成长评价。

②缺乏学习支持：与传统的教学模式相比，TAFE的教学模式更加注重学生的自主学习和实践操作，在学习过程中可能会缺乏足够的学习支持和指导。学生在遇到问题时可能需要更多地依靠自己去解决，这对于一些学习能力较弱的学生来说是一个较大的挑战。

（4）行业变化适应性有待提高

①课程更新滞后：随着行业的不断发展和技术的不断更新，职业教育的课程内容也需要不断更新和调整。然而，TAFE的课程更新可能会存在一定的滞后性，导致学生所学的知识和技能与行业的最新需求存在一定的差距。这可能会影响学生的就业竞争力和职业发展前景。

②评价体系调整缓慢：评价体系的调整往往需要一定的时间和过程，可能无法及时跟上行业的变化和课程内容的更新。这可能导致评价结果不能准确地反映学生在新的行业环境下的能力和水平，影响学生的成长和发展。

二、可借鉴之处与启示

美国印第安纳州某汽车技术职业学校、德国巴登-符腾堡州双元制大学以及澳大利亚TAFE学院在学生成长评价方面有着独特的经验和做法，值得我们深入研究和借鉴。

（一）评价理念与方法的启示

1. 多元化的评价主体

这三所院校都注重引入多元化的评价主体，包括学校教师、企业导师、行业专家以及学生自身。这种多元化的评价主体能够从不同角度对学生进行全面评价，使评价结果更加客观、准确。例如，美国印第安纳州某汽车技术职业学校的校外实习评价中，企业导师对学生的实习表现进行评价，能够让学生更好地了解职场需求和自身的不足之处。

对我国高职院校的启示：我国高职院校在评价学生时，可以加强与企业的合作，邀请企业导师参与评价过程，同时鼓励学生进行自我评价和互评，提高评价的全面性和客观性。

2. 理论与实践相结合的评价内容

澳大利亚TAFE学院和德国巴登-符腾堡州双元制大学都非常注重理论与实践相结合的评价内容。不仅考核学生的理论知识掌握程度，还重点评价学生的实践技能、职业素养和团队协作能力等。例如，德国巴登-符腾堡州双元制大学的学生成长评价体系涵盖了理论学习成绩考核、企业实践表现评估和综合能力与素质评价等多个方面。

对我国高职院校的启示：我国高职院校应加强实践教学环节的评价，注重学生实践技能的培养和考核。同时，要将职业素养和团队协作能力等纳入评价内容，培养学生的综合素质。

3. 多样化的评价方式

三所院校都采用了多样化的评价方式，如考试、作业、项目报告、实践操作考核、企业实习评价、技能竞赛等。这种多样化的评价方式能够全面、客观地反映学生的学习成果和能力水平。例如，澳大利亚TAFE学院的评价方式包括实践操作考核、项目成果评估、工作现场表现评价等，能够充分考查学生的实际操作能力和职业素养。

对我国高职院校的启示：我国高职院校应丰富评价方式，避免单一的考试评价方式。可以采用项目式教学、实践操作考核、企业实习评价等多种方式，全面评价学生的学习成果和能力水平。

4. **行业标准与认证的引入**

美国印第安纳州某汽车技术职业学校鼓励学生参加行业认证考试，获得行业认可的证书。澳大利亚TAFE学院的课程与职业资格认证紧密结合，学生完成学业后可以获得相应的职业资格证书。德国巴登-符腾堡州双元制大学的评价标准与行业标准紧密对接，确保学生所学知识和技能符合行业需求。

对我国高职院校的启示：我国高职院校可以加强与行业的合作，引入行业标准和认证体系，使学生的学习成果得到行业的认可。同时，学校可以鼓励学生参加相关的职业资格认证考试，提高学生的就业竞争力。

（二）对我国高职院校评价改革的建议

1. **树立多元化的评价理念**

我国高职院校应树立多元化的评价理念，打破传统的以考试成绩为唯一评价标准的观念。要认识到学生的成长是多方面的，评价应涵盖学生的知识、技能、态度、价值观等多个方面。同时，要注重评价主体的多元化，让学校、企业、行业专家和学生共同参与评价过程。

2. **构建理论与实践相结合的评价体系**

我国高职院校应构建理论与实践相结合的评价体系，加强实践教学环节的评价。可以通过建立实践教学基地、开展企业实习、组织技能竞赛等方式，提高学生的实践技能和职业素养。同时，要将理论知识考核与实践技能考核相结合，全面评价学生的学习成果。

3. **采用多样化的评价方式**

我国高职院校应采用多样化的评价方式，避免单一的考试评价方式。可以采用项目式教学、实践操作考核、企业实习评价、作品展示、答辩等多种方式，全面评价学生的学习成果和能力水平。同时，要注重过程性评价，及时反馈学生的学习情况，促进学生的持续进步。

4. 加强与企业的合作，引入行业标准和认证体系

我国高职院校应加强与企业的合作，建立稳定的校企合作关系。可以邀请企业导师参与教学和评价过程，共同制订人才培养方案和评价标准。同时，要引入行业标准和认证体系，使学生的学习成果得到行业的认可。学校可以鼓励学生参加相关的职业资格认证考试，提高学生的就业竞争力。

5. 建立健全评价反馈机制

我国高职院校应建立健全评价反馈机制，及时向学生反馈评价结果。评价反馈应具有针对性和建设性，帮助学生了解自己的优势和不足，明确努力方向。同时，学校要根据评价反馈结果，及时调整教学内容和方法，提高教学质量。

综上所述，美国印第安纳州某汽车技术职业学校、德国巴登-符腾堡州双元制大学以及澳大利亚TAFE学院在学生成长评价方面的经验和做法为我国高职院校评价改革提供了有益的借鉴。我国高职院校应树立多元化的评价理念，构建理论与实践相结合的评价体系，采用多样化的评价方式，加强与企业的合作，引入行业标准和认证体系，建立健全评价反馈机制，不断提高人才培养质量，为我国经济社会发展培养更多高素质技能型人才。

第八章 高职院校大学生成长评价面临的挑战与对策

苏霍姆林斯基说:“教育者应当深刻了解正在成长的人的心灵。”高职生成长评价，不仅关系到学生个人的发展前途，也关乎着高职院校的教育质量以及社会对职业教育的认可度。“教育不是注满一桶水，而是点燃一把火。”叶芝的这句名言也提醒着我们，对高职生成长评价不能仅仅局限于传统的模式，而应激发他们内在的潜力。然而，当前高职生成长评价面临着诸多挑战，这些挑战犹如横亘在前进道路上的巨石，阻碍着高职教育迈向更高的台阶。但挑战亦是机遇，需要我们深入剖析这些挑战，并积极探寻有效的对策，为高职生的成长开辟更加广阔的道路，为社会输送更多优秀的职业技术人才。

第一节　挑战分析

在高职生成长评价体系中，评价标准的动态变化是一项重大挑战。

一、评价标准的动态变化

（一）社会需求与行业发展对评价标准有着深刻的影响

随着社会的不断进步和经济的快速发展，社会需求和行业发展处于持续变化之中。不同时期，各个行业对于人才的要求各不相同。一方面，新兴行业的崛起带来了全新的职业领域和技能需求。例如，在人工智能、大数据等领域，对高职生的技术能力、创新思维和跨学科知识储备提出了更高要求。这些行业不仅需要学生掌握扎实的专业知识，还需具备较强的问题解决能力和团队协作能力。另一方面，传统行业也在不断转型升级，对高职生的综合素质提出了新的挑战。如制造业逐渐向智能化、高端化发展，要求学生具备更高的数字化技能和工匠精神。

（二）保持评价标准的与时俱进

社会需求与行业发展的动态变化使得高职生成长评价标准难以保持稳定。这就引出了如何保持评价标准与时俱进的问题。

首先，学校应与企业建立紧密的合作关系。企业作为市场的主体，对社会需求和行业发展有着最为敏锐的感知。通过与企业合作，学校可以及时了解行业的最新动态和人才需求，将这些信息融入到评价标准中。例如，邀请企业专家参与制订评价标准，开展实习实训基地共建等活动，让学生在实践中接触到行业的前沿技术和理念。

其次，要加强对市场趋势的研究和分析。学校可以成立专门的研究机构或团队，定期对社会需求和行业发展进行调研，预测未来的发展趋势。根据这些研究结果，及时调整评价标准，确保其始终与市场需求相契合。

此外，还应注重培养学生的综合素质和创新能力。在评价标准中，不仅要关注学生的专业技能，还要重视他们的沟通能力、团队协作能力、创新思维等综合素质。鼓励学生参加各类创新创业活动，提高他们的实践能力和创新意识。

最后，建立动态的评价调整机制。评价标准不应是一成不变的，而应根据社会需求和行业发展的变化进行定期调整。可以通过设立评价标准修订委员会，定期对评价标准进行审查和修订，确保其始终保持与时俱进。

总之，在高职生成长评价中，评价标准的动态变化是不可避免的挑战。只有充分认识到社会需求与行业发展对评价标准的影响，积极采取措施保持评价标准的与时俱进，才能更好地促进高职生的成长和发展，为社会培养出更多适应时代需求的高素质技能人才。

二、评价主体的主观因素影响

在高职生成长评价中，评价主体的主观因素影响是一个不可忽视的挑战。评价主体主要包括教师、学生和企业评价者，他们的主观偏见可能会对评价结果产生不良影响。

（一）教师、学生和企业评价者的主观偏见

1. 教师的主观偏见

教师在对高职生进行评价时，可能会受到个人教学经验、专业背景、教学风格等因素的影响。例如，有的教师可能更注重学生的理论知识掌握程度，而忽视了学生的实践能力和创新能力；有的教师可能对成绩好的学生有更高的评价，而对成绩一般的学生评价相对较低。此外，教师的个人喜好、情绪等也可能会影响评价结果。

2. 学生的主观偏见

学生在自我评价和相互评价中，也容易受到主观因素的影响。一方面，学生可能会过高地评价自己，缺乏对自身不足的认识；另一方面，学生之

间的评价可能会受到人际关系、个人情感等因素的影响，导致评价结果不够客观。

3. 企业评价者的主观偏见

企业评价者在对高职生进行实习评价时，可能会受到企业自身利益、企业文化、个人经验等因素的影响。例如，有的企业可能更注重学生的工作效率，而忽视了学生的职业素养和团队合作能力；有的企业评价者可能对来自不同学校的学生有不同的评价标准，导致评价结果不公平。

（二）减少主观因素影响的方法与策略

1. 建立科学的评价指标体系

制订明确、具体、可量化的评价指标体系，减少评价主体的主观判断空间。评价指标应涵盖学生的知识、技能、态度、创新能力等多个方面，全面反映学生的成长情况。同时，评价指标应根据不同专业、不同课程的特点进行个性化设计，提高评价的针对性和有效性。

2. 加强评价主体的培训

对教师、学生和企业评价者进行评价方法和评价标准的培训，提高他们的评价能力和水平。培训内容可以包括评价的目的、意义、方法、标准等方面，让评价主体了解评价的重要性和客观性，减少主观偏见的影响。

3. 采用多元化的评价方式

采用多种评价方式，如教师评价、学生自我评价、学生相互评价、企业评价等，综合考虑不同评价主体的意见，提高评价结果的客观性。同时，可以采用定量评价与定性评价相结合的方式，对学生的成长情况进行全面、深入的评价。

4. 建立评价反馈机制

建立评价反馈机制，及时向学生反馈评价结果，让学生了解自己的优势和不足，以便他们进行自我调整和改进。同时，学生也可以对评价结果提出异议，评价主体应认真听取学生的意见，对评价结果进行复查和调整。

5. 加强评价过程的监督

加强对评价过程的监督，确保评价的公平、公正、公开。可以建立评价监督机构，对评价过程进行全程监督，及时发现和纠正评价中的问题。同时，评价结果应进行公示，接受学生和社会的监督。

总之，评价主体的主观因素影响是高职生成长评价面临的一个重要挑战。只有通过建立科学的评价指标体系、加强评价主体的培训、采用多元化的评价方式、建立评价反馈机制和加强评价过程的监督等方法与策略，才能减少主观因素的影响，提高评价结果的客观性和有效性，为高职生的成长和发展提供有力的支持。

（三）高职生成长评价面临的挑战案例

1. 评价标准单一

某高职院校在对学生进行评价时，主要以考试成绩作为唯一标准。例如，在计算机专业中，只看重学生在理论课程考试中的分数，而忽视了学生的实际操作能力和项目开发经验。这导致一些学生虽然成绩优异，在实际工作中却无法熟练运用所学知识，动手能力差。

在旅游管理专业中，同样以理论考试成绩和课堂表现来评价学生，而对于学生在实习期间的服务意识、沟通能力和应变能力等重要素质缺乏有效的评价。

2. 评价主体局限

某高职学院的学生评价主要由教师进行，缺乏学生的自我评价和同学之间的互评。在一次商务英语课程的评价中，教师由于教学任务繁重，对每个学生的了解不够全面，仅根据课堂表现和作业完成情况进行评价。这使得一些在课堂上不太活跃但在课外积极参加英语活动、提升英语能力的学生得不到应有的认可。

一些高职院校在与企业合作中，企业对学生的评价参与度不高。例如，在机械制造专业的实习中，企业只是简单地给出一个实习鉴定，没有具体的评价内容和建议，无法为学生的成长提供有针对性的反馈。

3. 评价缺乏动态性

在某高职院校的会计专业中，评价标准在学生3年的学习过程中基本保持不变。然而，随着会计法规和税收政策的不断变化，以及会计电算化的快速发展，学生需要不断更新知识和技能。但由于评价标准没有及时调整，导致学生在学习过程中缺乏对新知识和新技能的重视，毕业后难以适应工作岗位的要求。

在电子信息工程专业中，课程设置和评价标准没有随着行业技术的更新而变化。例如，当5G技术迅速发展时，学校的教学内容和评价体系仍停留在4G时代，使得学生在就业时面临技术脱节的困境。

三、技术发展带来的新问题

在当今时代，技术的飞速发展为高职生成长评价带来了新的机遇，但同时也带来了一系列挑战。其中，“在线评价与大数据应用的挑战”以及“如何确保评价数据的安全与隐私”成为了关键问题。

（一）在线评价与大数据应用的挑战

随着信息技术的不断进步，在线评价逐渐成为高职生成长评价的重要方式之一。然而，这种方式也面临着诸多挑战。

首先，在线评价的可靠性难以保证。由于网络环境的复杂性，存在着评价者身份难以确认、评价过程易受干扰等问题。例如，在一些在线课程评价中，可能会出现学生为了获得更高的分数而互相评价过高，或者恶意评价他人的情况。此外，网络故障、系统漏洞等也可能导致评价结果不准确。

其次，大数据应用在高职生成长评价中也存在一定的困难。虽然大数据可以提供大量的学生学习行为、成绩等数据，但如何有效地分析和利用这些数据是一个难题。一方面，数据的质量参差不齐，需要进行筛选和清洗；另一方面，数据分析需要专业的技术和人才，而目前很多高职院校在这方面还存在不足。例如，对于学生在网络学习平台上的学习行为数据，如何从中提取出有价值的信息，用于评价学生的学习态度、学习能力等方面，还需要进一步探索。

最后，在线评价和大数据应用可能会导致评价的片面性。过于依赖在线评价和大数据，可能会忽视学生的实际表现和综合素质。例如，有些学生在网络学习中表现活跃，但在实际课堂中缺乏参与度；有些学生的成绩可能受到偶然因素的影响，而大数据分析可能无法准确反映这些情况。

（二）如何确保评价数据的安全与隐私

在技术发展的背景下，评价数据的安全与隐私保护成为了至关重要的问题。

一方面，评价数据涉及学生的个人信息、学习成绩、评价结果等敏感内容，如果这些数据遭到泄露，可能会给学生带来严重的后果。例如，个人信息泄露可能导致学生遭受网络诈骗、身份盗窃等风险；成绩泄露可能会影响学生的学习积极性和自信心。

为了确保评价数据的安全，高职院校需要采取一系列措施。首先，加强网络安全防护，建立完善的网络安全管理制度，定期对网络系统进行安全检查和维护。其次，对评价数据进行加密存储和传输，防止数据被非法窃取。此外，还可以采用身份认证、访问控制等技术手段，限制对评价数据的访问权限。

另一方面，保护学生的隐私也是非常重要的。高职院校在进行成长评价时，应明确告知学生评价的目的、方式和范围，征得学生的同意后再收集和使用相关数据。同时，对于涉及学生隐私的数据，应进行严格的保密处理，不得随意公开或滥用。

总之，技术发展为高职生成长评价带来了新的问题和挑战。面对在线评价与大数据应用的挑战，我们需要不断探索有效的评价方法和技术，提高评价的可靠性和有效性；同时，也要高度重视评价数据的安全与隐私保护，采取切实可行的措施，确保学生的合法权益不受侵犯。只有这样，才能更好地发挥技术在高职生成长评价中的作用，促进高职教育的不断发展。

第二节　应对策略

一、建立动态评价标准体系

高职生的成长评价对于学生的发展至关重要，而评价主体在其中发挥着关键作用。为了提高评价的准确性和有效性，加强评价主体的培训势在必行。

（一）定期修订评价标准的机制

评价标准是评价主体进行评价的重要依据，然而，随着社会的发展和教育的变革，评价标准也需要不断更新和完善。建立定期修订评价标准的机制，可以确保评价标准始终与时代发展相适应，与高职生的成长需求相契合。

1. 与时俱进的必要性

随着科技的进步、行业的发展以及社会对人才需求的变化，高职生所需具备的知识、技能和素养也在不断变化。如果评价标准一成不变，就无法准确反映学生的实际水平和发展潜力。例如，在信息技术领域，新的技术和软件不断涌现，对高职生的信息技术素养提出了更高的要求。如果评价标准不及时更新，就可能导致学生在学习过程中忽视这些新的要求，影响他们的就业竞争力。

2. 修订的流程与方法

定期修订评价标准需要建立科学的流程和方法。首先，要广泛收集各方意见，包括教师、学生、企业代表、行业专家等。这些评价主体对高职生的成长有着不同的视角和需求，他们的意见可以为评价标准的修订提供重要参考。其次，要对收集到的意见进行分析和整理，筛选出有价值的建议，并结合实际情况进行修改和完善。最后，要对修订后的评价标准进行试用和评估，及时发现问题并进行调整，确保评价标准的科学性和可行性。

（二）行业专家参与标准制定的重要性

行业专家在高职生成长评价标准的制定中具有不可替代的作用。他们熟悉行业的发展趋势和企业的用人需求，能够为评价标准的制定提供专业的指导和建议。

1. 带来实际的行业视角

行业专家能够将行业的最新动态和发展趋势融入到评价标准中，使评价标准更加贴近实际工作需求。例如，在制造业领域，行业专家可以根据企业对技能人才的要求，确定高职生在机械加工、数控编程、质量检测等方面应具备的能力和素养。这样的评价标准能够更好地引导学生学习和掌握实际工作所需的知识和技能，提高他们的就业竞争力。

2. 提升评价标准的权威性

行业专家的参与可以提高评价标准的权威性和可信度。企业在招聘高职毕业生时，往往更看重具有行业认可的评价标准所衡量出的学生能力。如果评价标准由学校和行业专家共同制定，企业会更认可这些标准，从而增加学生的就业机会。此外，行业专家还可以为学校提供实践教学资源和实习就业机会，帮助学生更好地将理论知识与实际工作相结合。

（三）建立对评价主体的激励机制

为了充分调动评价主体的积极性和主动性，提高评价工作的质量和效率，建立有效的激励机制是非常必要的。

1. **物质奖励**

可以设立评价工作专项奖金，对在评价工作中表现突出的评价主体进行物质奖励。例如，对于认真负责、评价准确的教师，可以给予一定的奖金或绩效加分；对于积极参与评价工作的企业代表和行业专家，可以给予适当的报酬和荣誉证书。

2. **精神激励**

除了物质奖励外，精神激励也不可或缺。可以通过评选优秀评价主体、举办表彰大会等方式，对表现出色的评价主体进行表彰和奖励，增强他们的荣誉感和责任感。同时，还可以为评价主体提供更多的培训和发展机会，帮助他们提升自身的专业素养和评价能力。

3. **反馈与沟通**

建立良好的反馈与沟通机制，让评价主体能够及时了解自己的评价工作效果和存在的问题。学校可以定期组织评价主体进行交流和研讨，分享评价经验和心得，共同提高评价水平。同时，学校还可以收集学生和其他相关方面对评价主体的反馈意见，及时反馈给评价主体，帮助他们改进评价工作。

为了加强评价主体的培训，需要将定期修订评价标准的机制、行业专家参与标准制定的重要性以及对评价主体的激励机制纳入培训内容。通过培训，评价主体可以更好地理解评价标准的内涵和要求，掌握评价的方法和技巧，提高评价的准确性和公正性。同时，激励机制可以激发评价主体的工作热情和积极性，促进评价主体之间的交流与合作，共同推动高职生成长评价工作的不断完善。

二、加强评价主体培训

在高职生成长评价中，评价主体的素质和能力直接影响着评价结果的客观性和准确性。因此，加强评价主体的培训是应对高职生成长评价挑战的重要策略之一。

（一）教师评价能力提升培训

教师是高职生成长评价的重要主体之一，他们的评价能力直接关系到学生的发展。因此，加强教师评价能力提升的培训至关重要。

1. 评价理论与方法培训

教师需要了解评价的基本理论和方法，掌握评价的标准和流程。培训内容可以包括评价的目的、类型、方法和工具等方面，帮助教师建立科学的评价观念和方法体系。

2. 课程与教学评价培训

教师需要掌握课程与教学评价的方法和技巧，能够对课程设计、教学实施和学生学习效果进行全面评价。培训内容可以包括课程目标的制订、教学方法的选择、学生学习评价的方法和工具等方面，帮助教师提高课程与教学评价的能力。

3. 学生综合素质评价培训

教师需要了解学生综合素质评价的内容和方法，能够对学生的思想品德、学业水平、身心健康、艺术素养和社会实践等方面进行全面评价。培训内容可以包括学生综合素质评价的指标体系、评价方法和工具等方面，帮助教师提高学生综合素质评价的能力。

4. 评价反馈与沟通培训

教师需要掌握评价反馈与沟通的方法和技巧，能够及时向学生反馈评价结果，与学生进行有效的沟通和交流。培训内容可以包括评价反馈的方式、方法和技巧，以及与学生沟通和交流的策略和方法等方面，帮助教师提高评价反馈与沟通的能力。

（二）学生与企业评价者的培训内容与方法

1. 学生评价者的培训内容与方法

（1）评价意识与责任感培训　学生需要了解评价的重要性和意义，增强评价的意识和责任感。培训内容可以包括评价的目的、意义和作用等方面，帮助学生认识到评价是促进自身成长和发展的重要手段。

（2）评价方法与技巧培训　学生需要掌握评价的方法和技巧，能够客观、公正地评价自己和他人。培训内容可以包括自我评价的方法和技巧、同伴评价的方法和技巧等方面，帮助学生提高评价的能力和水平。

（3）评价反馈与沟通培训　学生需要掌握评价反馈与沟通的方法和技巧，能够及时向被评价者反馈评价结果，与被评价者进行有效的沟通和交流。培训内容可以包括评价反馈的方式、方法和技巧，以及与被评价者沟通和交流的策略和方法等方面，帮助学生提高评价反馈与沟通的能力。

2. 企业评价者的培训内容与方法

（1）评价标准与指标体系培训　企业评价者需要了解高职生成长评价的标准和指标体系，掌握评价的方法和工具。培训内容可以包括高职生成长评价的目的、意义和作用，评价的标准和指标体系，以及评价的方法和工具等方面，帮助企业评价者建立科学的评价观念和方法体系。

（2）行业需求与职业素养培训　企业评价者需要了解行业的需求和职业素养的要求，能够对高职生的职业素养和实践能力进行全面评价。培训内容可以包括行业的发展趋势、企业的用人需求，以及职业素养的内涵和要求等方面，帮助企业评价者提高评价的针对性和实效性。

（3）评价反馈与沟通培训　企业评价者需要掌握评价反馈与沟通的方法和技巧，能够及时向学校和学生反馈评价结果，与学校和学生进行有效的沟通和交流。培训内容可以包括评价反馈的方式、方法和技巧，以及与学校、学生沟通交流的策略和方法等方面，帮助企业评价者提高评价反馈与沟通的能力。

总之，加强评价主体的培训是应对高职生成长评价挑战的重要策略之一。通过教师评价能力提升培训、学生与企业评价者的培训内容与方法，可以提高评价主体的素质和能力，保证评价结果的客观性和准确性，促进高职生的成长和发展。

三、充分利用信息技术优化评价

在当今数字化时代，信息技术为高职生成长评价带来了新的机遇与挑战。充分利用信息技术优化评价，能够更全面、准确地反映学生的成长状况，为高职教育的发展提供有力支持。

（一）大数据分析在评价中的应用前景

1. 精准评估学生学习情况

大数据分析可以收集和整合学生在学习过程中的各种数据，如课堂表现、作业完成情况、考试成绩、在线学习时长等。通过对这些数据的深入分析，能够精准地评估学生的学习状态、知识掌握程度和学习能力。例如，分析学生在在线学习平台上的学习行为数据，可以了解学生的学习偏好、学习进度和学习难点，为教师提供个性化的教学建议。

2. 预测学生发展趋势

利用大数据分析技术，可以对学生的学习数据进行长期跟踪和分析，预测学生的发展趋势。例如，通过分析学生在不同阶段的学习成绩和综合素质表现，可以预测学生在未来的就业前景和职业发展方向，为学生提供有针对性的职业规划指导。

3. 促进教学质量提升

大数据分析还可以为教学管理提供决策支持。通过分析学生的评价数据和教学反馈信息，可以发现教学中存在的问题和不足，及时调整教学策略和课程设置，提高教学质量。同时，大数据分析还可以对教师的教学效果进行评估，激励教师不断改进教学方法，提高教学水平。

（二）在线评价平台的功能拓展与完善

1. 多元化评价方式

在线评价平台应支持多元化的评价方式，包括教师评价、学生自评、学生互评、企业评价等。通过多种评价主体的参与，可以更全面地了解学生的综合素质和能力。同时，在线评价平台还可以设置不同类型的评价指标，如知识技能、实践能力、创新能力、团队协作能力等，满足不同专业和课程的评价需求。

2. 实时反馈与沟通

在线评价平台应具备实时反馈和沟通的功能。学生可以在平台上及时查看自己的评价结果，了解自己的优势和不足。教师和学生可以通过平台进行在线交流和反馈，教师解答学生的疑问，指导学生的学习，帮助其成长。此外，企业评价者也可以通过平台与教师、学生进行沟通，提供实习和就业机会，促进校企合作。

3. 数据分析与报告生成

在线评价平台应具备强大的数据分析功能，能够对学生的评价数据进行深入分析和挖掘。平台可以生成详细的评价报告，包括学生的个人成长报告、班级评价报告、专业评价报告等。这些报告可以为学校领导、教师、学生和家长提供全面的评价信息，为教学管理和学生成长提供决策依据。

4. 安全与隐私保护

在线评价平台应重视安全与隐私保护。平台应采用先进的加密技术和安全防护措施，确保学生的评价数据不被泄露和篡改。同时，平台应明确数据使用权限和范围，保护学生的个人隐私。

总之，充分利用信息技术优化评价是应对高职生成长评价挑战的重要策略。大数据分析和在线评价平台的应用，能够为高职生成长评价提供更科学、准确、全面的评价方法和手段，促进高职教育的质量提升和学生的全面发展。

四、高职生成长评价的对策案例

（一）建立多元化评价标准

某高职院校的汽车检测与维修专业，制订了多元化的评价标准。除了理论考试成绩外，还将学生在实训课程中的操作技能、参与项目的表现、职业素养等纳入评价体系。例如，在汽车发动机维修实训中，评价学生对发动机故障的诊断能力、维修操作的规范性、团队协作精神以及安全意识等方面。通过这种多元化的评价标准，学生更加注重全面发展，提高了实际操作能力和职业素养。

一所艺术设计类高职院校，在评价学生作品时，不仅考虑作品的美观性和创意性，还注重作品的实用性、市场需求以及学生在创作过程中的创新思维和解决问题的能力。同时，邀请行业专家参与评价，使评价更加贴近市场需求，提高了学生的就业竞争力。

（二）拓展评价主体

某高职学院在电子商务专业中，引入了学生自我评价、同学互评和企业评价相结合的方式。学生在完成一个项目后，首先进行自我评价，反思自己在项目中的表现和收获；然后同学之间进行互评，互相学习和借鉴；最后由合作企业的导师根据学生在实习中的实际表现进行评价，提出专业的建议和意见。这种多主体评价方式，使学生能够从不同角度了解自己的优势和不足，促进了学生的自我成长。

一些高职院校与企业深度合作，成立了由学校教师、企业专家和行业协会代表组成的评价委员会。在对物流管理专业学生进行评价时，评价委员会综合考虑学生在学校的学习成绩、实习表现、职业技能证书获取情况以及企业的反馈意见等因素，制订出全面、客观的评价结果。这种评价方式提高了评价的专业性和权威性，为学生的职业发展提供了有力的支持。

（三）实现评价动态化

某高职院校的软件技术专业，建立了动态评价机制。随着行业技术的不断发展，及时调整课程设置和评价标准。例如，当人工智能技术在软件开发中得到广泛应用时，学校迅速开设相关课程，并将人工智能技术的掌握程度纳入评价体系。同时，通过定期举办技能竞赛、项目展示等活动，及时了解学生的学习进度和技能水平，调整教学计划和评价方式，确保学生始终紧跟行业发展的步伐。

在建筑工程技术专业中，学校与企业合作建立了实习跟踪评价系统。在学生实习期间，企业导师和学校教师通过在线平台实时记录学生的工作表现和成长情况，根据学生在不同阶段的表现进行动态评价。学生也可以通过平台与导师进行沟通和交流，及时解决实习中遇到的问题。这种动态评价方式提高了实习的质量和效果，促进了学生的专业成长。

第九章
未来高职院校大学生成长评价的趋势

随着社会的不断发展和科技的日新月异，高职生成长评价也在悄然发生着变革。未来，高职生成长评价将呈现出多元化、智能化、个性化等发展趋势，为培养适应社会需求的高素质技能型人才提供有力保障。多元化的有关内容在前面已经有所涉及，例如，评价主体的多元化、评价内容的多元化、评价方式的多元化等，不再赘述。

第一节　智能化评价的发展

一、人工智能在评价中的应用

在科技飞速发展的时代，未来高职生成长评价将呈现出智能化的发展趋势，其中人工智能的应用将为评价体系带来深刻变革。

（一）自动评分与反馈系统

随着人工智能技术的不断进步，自动评分与反馈系统在高职生成长评价中的应用前景广阔。

1. **精准高效的评分**

传统的评分方式往往依赖于教师的主观判断，存在一定的误差和不稳定性。而人工智能自动评分系统可以通过对大量数据的学习和分析，建立科学的评分模型，实现对学生作业、考试等的精准评分。例如，在语言类课程中，自动评分系统可以对学生的作文进行语法、词汇、逻辑等多方面的分析，给出客观准确的分数。这种评分方式不仅提高了评分的效率，还减少了人为因素的干扰，使评分结果更加公正可靠。

2. **个性化反馈**

自动评分系统不仅能够给出分数，还可以为学生提供个性化的反馈。通过分析学生的答题情况，系统可以指出学生的错误之处和不足之处，并提供相应的改进建议。例如，在数学课程中，系统可以针对学生的错题，给出详细的解题步骤和思路，帮助学生更好地理解和掌握知识点。这种个性化反馈有助于学生及时发现自己的问题，提高学习效果。

3. **实时监测与调整**

自动评分与反馈系统可以实时监测学生的学习进度和表现，根据学生的实际情况及时调整教学策略和评价标准。例如，在在线学习平台上，系统可以根据学生的学习行为和答题情况，为教师提供学生的学习状态报告，教师可以根据这些报告调整教学内容和方法，以更好地满足学生的需求。同时，系统也可以根据学生的表现动态调整评分模型，确保评分的准确性和公正性。

（二）学习行为分析与预测

人工智能在高职生成长评价中的另一个重要应用是学习行为分析与预测。

1. **学习行为分析**

通过对学生在学习过程中的各种行为数据进行收集和分析，人工智能可以深入了解学生的学习习惯、学习方式和学习偏好。例如，系统可以分析学生在在线学习平台上的浏览记录、学习时长、答题情况等数据，了解学生的学习兴趣和学习难点。这些分析结果可以为教师提供有价值的教学参考，帮助教师更好地了解学生的需求，制订个性化的教学计划。

2. **学习效果预测**

基于学习行为分析的结果，人工智能可以对学生的学习效果进行预测。通过建立学习效果预测模型，系统可以根据学生的学习行为数据预测学生在未来的学习成绩和发展趋势。例如，系统可以根据学生在前期课程中的表现，预测学生在后续课程中的学习情况，为教师提供提前干预的依据。这种学习效果预测有助于教师及时发现学生的问题，采取有效的教学措施，提高学生的学习成绩和综合素质。

3. **个性化学习推荐**

人工智能还可以根据学生的学习行为分析和学习效果预测结果，为学生提供个性化的学习推荐。例如，系统可以根据学生的学习兴趣和学习难点，为学生推荐适合的学习资源和学习活动。这些个性化的学习推荐可以帮助学生更好地规划自己的学习路径，提高学习效率和学习质量。

总之，人工智能在未来高职生成长评价中的应用将为评价体系带来重大变革。自动评分与反馈系统和学习行为分析与预测等技术的应用，将使评价更加精准、高效、个性化，为学生的成长和发展提供更好的支持。随着人工智能技术的不断发展和完善，相信未来高职生成长评价将更加智能化、科学化。

二、虚拟现实与增强现实技术在评价中的应用

在未来，随着科技的不断进步，虚拟现实（VR）与增强现实（AR）技术在高职生成长评价中会展现出巨大的发展潜力。

（一）模拟实践场景的评价方式

1. 高度还原真实工作环境

高职院校的教育目标是培养具有实践能力和职业素养的应用型人才。传统的评价方式往往难以全面、真实地考查学生在实际工作场景中的表现。而虚拟现实与增强现实技术可以模拟各种复杂的实践场景，如工厂车间、医院病房、酒店大堂等，让学生在虚拟环境中进行操作和实践。例如，在机械制造专业的评价中，可以利用VR技术模拟机床操作场景，学生在虚拟环境中进行零件加工，系统可以实时记录学生的操作过程和结果，对学生的技能水平进行准确评价。

2. 个性化的实践任务设置

通过虚拟现实与增强现实技术，可以根据不同专业和学生的个体差异，设置个性化的实践任务。例如，在建筑设计专业中，可以利用AR技术让学生在真实的建筑场地中进行虚拟设计，每个学生可以根据自己的创意和想法进行设计，系统可以根据学生的设计方案、实施过程和最终效果进行综合评价。这种个性化的评价方式能够更好地激发学生的学习兴趣和创造力，提高学生的实践能力和综合素质。

3. 跨学科的综合评价

虚拟现实与增强现实技术还可以实现跨学科的综合评价。在实际工作中，很多问题需要综合运用多个学科的知识和技能才能解决。通过模拟跨学科的实践场景，学生可以在虚拟环境中进行团队合作，共同解决问题。系统可以对学生在团队合作中的表现、跨学科知识的运用能力等进行全面评价。例如，在智能制造领域，需要机械工程、电子工程、计算机科学等多个学科的知识和技能。利用VR技术可以模拟智能制造生产线，让不同专业的学生组成团队，共同完成生产任务，系统可以对学生的团队协作能力、跨学科知识运用能力等进行综合评价。

（二）提高评价的真实性与有效性

1. 增强学生的参与感和投入度

虚拟现实与增强现实技术可以为学生提供沉浸式的学习和评价体验，增强学生的参与感和投入度。在虚拟实践场景中，学生可以更加直观地感受实际工作的挑战和要求，提高对专业知识和技能的理解和掌握。例如，在护理专业的评价中，利用VR技术可以模拟真实的病房环境，学生可以进行病人护理、病情观察等操作，这种身临其境的体验可以让学生更加深刻地认识到护理工作的重要性和复杂性，提高学生的专业素养和责任感。

2. 客观准确的评价结果

传统的评价方式往往依赖于教师的主观判断，评价结果可能存在一定的偏差。而虚拟现实与增强现实技术可以通过传感器和数据分析技术，对学生的操作过程和结果进行客观、准确的记录和分析。例如，在汽车维修专业的评价中，利用VR技术可以模拟汽车故障诊断和维修场景，系统可以通过传感器记录学生的操作步骤和时间，对学生的维修技能进行准确评价。同时，系统还可以根据学生的操作数据进行分析，找出学生的不足之处，为学生提供个性化的学习建议。

3. 实时反馈与改进

虚拟现实与增强现实技术可以为学生提供实时反馈，帮助学生及时发现自己的问题并进行改进。在虚拟实践场景中，系统可以根据学生的操作情况，及时给出提示和建议，帮助学生纠正错误、提高技能水平。例如，在烹饪专业的评价中，利用AR技术可以在学生烹饪过程中实时显示菜品的烹饪状态和步骤，学生可以根据系统的提示进行调整，提高烹饪质量。这种实时反馈机制可以让学生在实践中不断学习和进步，提高评价的有效性。

总之，虚拟现实与增强现实技术在未来高职生成长评价中的应用，将为评价体系带来新的变革。通过模拟实践场景的评价方式，可以提高评价的真实性和有效性，更好地培养学生的实践能力和职业素养，为社会输送高素质的应用型人才。

第二节　个性化评价的深入

一、基于学生个体差异的评价方法

在未来，高职生成长评价将更加注重个性化，基于学生个体差异的评价方法将成为重要趋势。

（一）量身定制的评价指标与流程

1. 充分考虑学生的多元智能

每个学生都具有不同的智能优势和发展潜力。未来的评价方法将不再仅仅依赖传统的学业成绩，而是充分考虑学生的多元智能，包括语言智能、逻辑数学智能、空间智能、身体运动智能、音乐智能、人际智能、内省智能和自然观察智能等。例如，对于具有突出空间智能的学生，可以在建筑设计、机械制图等课程的评价中给予更多的权重；对于具有较强人际智能的学生，可以在团队合作项目、社会实践等方面进行重点评价。

2. 结合学生的兴趣爱好和职业规划

学生的兴趣爱好和职业规划是影响其学习动力和成长方向的重要因素。未来的评价方法将结合学生的兴趣爱好和职业规划，为学生量身定制评价指标和流程。例如，对于有志于从事软件开发的学生，可以在编程课程、项目实践等方面设置更加严格的评价标准，并提供更多的实践机会和专业指导；对于喜欢艺术设计的学生，可以在创意表达、作品展示等方面进行个性化评价，并鼓励学生参加各类艺术比赛和展览。

3. **动态调整评价指标和流程**

学生的成长是一个动态的过程，其能力和需求也会随着时间的推移而发生变化。未来的评价方法将能够根据学生的成长情况，动态调整评价指标和流程。例如，在学生刚入学时，可以通过入学测试和面谈等方式，了解学生的基础水平和发展需求，为其制订初步的评价计划；在学生学习过程中，可以定期进行阶段性评价，根据学生的进步情况和出现的问题，及时调整评价指标和流程；在学生毕业前，可以进行综合评价，全面考察学生的专业知识、实践能力和综合素质，为其未来的职业发展提供有力的支持。

（二）满足学生个性化发展需求

1. **提供个性化的学习建议和指导**

基于学生个体差异的评价方法不仅能够准确地反映学生的学习成果，还能够为学生提供个性化的学习建议和指导。通过对学生的学习行为、成绩数据和评价结果进行分析，教师可以了解学生的学习特点和需求，为其制订个性化的学习计划和辅导方案。例如，对于学习困难的学生，可以提供额外的学习资源和辅导课程，帮助其克服困难；对于学习优秀的学生，可以提供挑战性的学习任务和拓展性的学习机会，激发其更大的潜力。

2. **促进学生的自我认知和自我发展**

个性化评价能够帮助学生更好地了解自己的优势和不足，促进其自我认知和自我发展。通过参与评价过程，学生可以看到自己在不同方面的表现和进步，增强自信心和学习动力。同时，学生也可以根据评价结果，制订自己的学习目标和发展计划，主动寻求学习资源和支持，实现自我提升和成长。例如，学生可以通过自我评价和反思，发现自己在沟通能力方面的不足，然后主动参加演讲比赛、社团活动等，提高自己的沟通能力和综合素质。

3. 支持学生的个性化职业发展

高职院校的教育目标是培养具有职业素养和实践能力的应用型人才。基于学生个体差异的评价方法能够更好地支持学生的个性化职业发展。通过对学生的专业技能、综合素质和职业兴趣进行评价，学校可以为学生提供个性化的职业指导和就业推荐。例如，对于具有创新能力和创业意愿的学生，可以提供创业培训和支持，帮助其实现创业梦想；对于希望进入特定行业的学生，可以提供行业实习和就业信息，帮助其顺利进入职场。

综上所述，未来高职生成长评价将更加注重个性化，基于学生个体差异的评价方法将为学生的成长和发展提供更加精准、有效的支持。通过量身定制的评价指标与流程，满足学生个性化发展需求，高职院校将能够培养出更多具有创新精神和实践能力的高素质应用型人才。

二、学习分析技术在个性化评价中的作用

在未来，高职生成长评价将越来越注重个性化，而学习分析技术在此过程中将发挥至关重要的作用。

（一）跟踪学生学习过程，提供精准反馈

1. 全面记录学习轨迹

学习分析技术能够全面跟踪学生的学习过程，记录学生在各种学习场景中的行为和表现。无论是课堂上的参与度、在线学习平台上的互动情况，还是实践课程中的操作技能，都可以被准确地记录下来。例如，通过学习管理系统，可以记录学生登录的时间、浏览的课程内容、完成作业的时间和质量等信息；在虚拟实验室中，能够记录学生的实验操作步骤和结果。

2. 深入分析学习数据

收集到的大量学习数据需要进行深入分析，以提取有价值的信息。学习分

析技术可以运用数据挖掘、机器学习等方法，对学生的学习数据进行分析。例如，分析学生在不同课程中的成绩分布，了解学生的学科优势和薄弱环节；分析学生的学习行为模式，如学习时间的分配、学习资源的使用情况等，找出影响学生学习效果的因素。

3. **提供精准反馈**

基于对学习数据的分析，学习分析技术可以为学生提供精准的反馈。这种反馈既可以是及时的，如在学生完成一项作业后，立即给出关于作业质量的反馈和改进建议；也可以是阶段性的，如在一个学期的中间或结束时，为学生提供学习进展报告和个性化的学习建议。例如，如果分析发现学生在某一学科的理解上存在困难，系统可以推荐相关的学习资源，如视频教程、练习题等，帮助学生攻克难点。

（二）促进学生自主学习与自我管理

1. **增强学习的自主性**

学习分析技术可以帮助学生更好地了解自己的学习情况，从而增强学习的自主性。学生可以通过查看自己的学习数据和反馈，了解自己的学习进度、优势和不足，自主制订学习计划和目标。例如，学生发现自己在某个知识点上的掌握程度较低，可以主动安排更多的时间进行学习和复习；如果发现自己在小组合作中表现不佳，可以积极寻求改进的方法，提高自己的团队协作能力。

2. **培养自我管理能力**

通过学习分析技术提供的反馈，学生可以学会自我管理学习过程。他们可以监控自己的学习进度，调整学习策略，提高学习效率。例如，学生可以根据自己的学习时间分布数据，合理安排学习时间，避免拖延；根据自己的学习资源使用情况，选择最适合自己的学习资源，提高学习效果。同时，学生还可以通过与其他同学的学习数据进行比较，激发竞争意识，促进自己不断进步。

3. **支持个性化学习路径**

学习分析技术可以为学生提供个性化的学习路径建议。根据学生的学习目标、兴趣爱好和学习风格，系统可以为学生推荐适合的课程、学习活动和学习资源。例如，对于喜欢实践操作的学生，可以推荐更多的实验课程和项目实践机会；对于擅长自主学习的学生，可以提供更多的在线学习资源和自主学习任务。这样，学生可以根据自己的特点和需求，选择最适合自己的学习路径，实现个性化的成长和发展。

总之，学习分析技术在未来高职生成长评价的个性化趋势中具有重要作用。它能够跟踪学生的学习过程，提供精准反馈，促进学生的自主学习与自我管理，为学生的成长和发展提供有力支持。随着技术的不断进步，学习分析技术将在高职生成长评价中发挥越来越大的作用，推动高职教育向更加个性化、高效化的方向发展。

第三节 评价与职业发展的紧密结合

一、职业能力评价的重要性

在未来，高职生成长评价将与职业发展更加紧密地结合在一起，而其中职业能力评价的重要性愈发凸显。

（一）与企业需求对接的评价指标

1. **行业动态与企业需求分析**

随着经济的快速发展和科技的不断进步，各行业的发展变化日新月异。企业对人才的需求也在不断调整和更新。为了使高职院校培养出的学生更符合企业的实际需求，职业能力评价必须紧密对接企业需求。这就要求高职院校深入了解行业动态，与企业保持密切合作，及时掌握企业对人才的具体要求。例如，在智能制造领域，企业对具备编程能力、机械操作技能和团队协作精神的人才需求旺盛。高职院校在进行职业能力评价时，就应将这些能力纳入评价指标体系。

2. 具体评价指标的构建

基于企业需求，高职院校可以构建一系列具体的职业能力评价指标。这些指标应涵盖专业知识与技能、实践操作能力、问题解决能力、创新能力、沟通与协作能力等多个方面。例如，对于软件技术专业的学生，评价指标可以包括编程语言掌握程度、软件项目开发经验、故障排除能力、团队合作项目中的表现等。对于旅游管理专业的学生，评价指标可以包括旅游知识储备、导游服务技能、应急处理能力、客户沟通能力等。通过这些具体的评价指标，能够更加准确地衡量学生的职业能力水平，为企业选拔人才提供可靠依据。

3. 评价方法的创新

为了确保职业能力评价指标的有效实施，需要创新评价方法。除了传统的考试、作业、实践报告等评价方式外，还可以引入企业项目实践、模拟面试、职业技能竞赛等方式。例如，与企业合作开展实际项目，让学生在真实的工作环境中锻炼职业能力，企业导师和学校教师共同对学生的表现进行评价。通过创新评价方法，能够更加全面、客观地评价学生的职业能力，提高评价的准确性和可信度。

（二）为学生职业发展奠定基础

1. 明确职业发展方向

职业能力评价能够帮助学生明确自己的职业发展方向。通过对自身职业能力的评估，学生可以了解自己的优势和不足，从而有针对性地进行学习和提升。例如，学生在评价中发现自己在沟通能力方面有所欠缺，可以通过参加演讲比赛、社团活动等方式来提高自己的沟通能力。同时，职业能力评价也可以为学生提供职业发展建议，帮助他们了解不同职业的发展前景和要求，选择适合自己的职业发展道路。

2. **提升就业竞争力**

在竞争激烈的就业市场中，具备较强职业能力的学生更具竞争力。职业能力评价可以促使学生不断提升自己的职业能力水平，从而提高就业竞争力。企业在招聘时，更加注重学生的实际职业能力。通过职业能力评价，学生可以向企业展示自己的专业技能和综合素质，增加自己的就业机会。例如，学生在求职过程中，可以提供自己在职业能力评价中的优秀成绩和实践成果，证明自己的能力和潜力。

3. **促进终身学习**

职业能力评价不仅对学生的在校学习有指导作用，还对学生的终身学习具有重要意义。随着社会的不断发展，职业要求也在不断变化。学生需要不断学习和更新自己的知识和技能，以适应职业发展的需要。职业能力评价可以让学生养成自我评估和自我提升的习惯，促使他们在毕业后继续保持学习的热情和动力，实现终身学习。例如，学生在工作后，可以定期对自己的职业能力进行评估，根据评估结果制订学习计划，不断提升自己的职业能力。

总之，职业能力评价在未来高职院校大学生成长评价中具有重要地位。通过与企业需求对接的评价指标和为学生职业发展奠定基础的作用，职业能力评价能够更好地促进高职院校人才培养与企业需求的紧密结合，为学生的职业发展提供有力支持。

二、评价在终身学习中的作用

在未来，高职生成长评价与职业发展的紧密结合将越发显著，其中评价在终身学习中也将发挥至关重要的作用。

（一）持续评价与学习的循环模式

1. 动态的评价体系

随着社会的快速发展和职业领域的不断变化，传统的一次性、静态的评价模式已无法满足需求。未来，高职生成长评价将构建起动态的评价体系，持续跟踪学生在不同阶段的学习和职业发展情况。这种评价体系能够及时捕捉学生的进步、变化以及面临的新挑战，为学生提供实时的反馈和指导。例如，在学生完成一个阶段的学习或实习后，立即进行评价，分析其在知识掌握、技能应用、职业素养等方面的表现，为下一个阶段的学习和发展提供依据。

2. 评价驱动学习

持续评价不仅仅是对学习成果的检验，更是驱动学习的重要力量。通过评价，学生能够清晰地了解自己的优势和不足，明确学习的方向和重点。当学生收到评价反馈后，会针对自己的薄弱环节进行有针对性的学习和提升。这种评价驱动学习的模式形成了一个持续的循环，评价促进学习，学习又为下一次评价提供更好的基础。例如，学生在一次项目实践评价中发现自己在团队协作方面存在不足，便会主动参加团队建设培训或参与更多的团队项目，以提高自己的团队协作能力。

3. 个性化的学习路径调整

持续评价还能为学生提供个性化的学习路径调整建议。由于每个学生的学习进度、能力特点和职业发展目标都不同，单一的学习路径难以满足所有学生的需求。通过对学生的持续评价，系统可以根据学生的具体情况为其量身定制个性化的学习路径。例如，对于在技术实践方面表现出色但理论知识相对薄弱的学生，评价系统可以推荐更多的理论学习资源和课程，帮助其完善知识结构；对于有明确职业方向的学生，评价系统可以提供与该职业相关的专业课程和实践机会，助力其更快地实现职业目标。

（二）促进终身学习能力的培养

1. 自我评估与反思能力

评价在终身学习中培养了学生的自我评估与反思能力。学生通过参与各种评价活动，学会客观地分析自己的学习成果和职业发展情况，发现自己的问题和不足。这种自我评估与反思能力是终身学习的关键，它使学生能够不断地调整自己的学习策略和职业规划，以适应不断变化的社会需求。例如，学生在完成一个项目后，进行自我评估，反思自己在项目中的表现、学到的知识和技能以及存在的问题，为下一次项目积累经验。

2. 学习动力与毅力的激发

评价也能够激发学生的学习动力和毅力，促进终身学习。当学生看到自己在评价中的进步和成就时，会获得满足感和成就感，从而更加积极地投入到学习中。同时，评价也让学生认识到学习是一个持续的过程，只有不断努力才能持续提升自己。例如，学生在获得一项职业技能证书后，会受到激励，继续学习其他相关技能，以提升自己的职业竞争力。

3. 适应变化的能力

在快速变化的社会中，终身学习要求人们具备适应变化的能力。评价在这方面发挥了重要作用，它让学生在学习过程中不断接触新的知识、技能和评价标准，培养学生的适应能力。通过参与不同类型的评价活动，学生学会应对各种变化和挑战，提高自己的应变能力。例如，随着行业技术的不断更新，学生需要参加新的技能评价和培训，以适应职业发展的需求。

总之，未来高职生成长评价与职业发展的紧密结合将使评价在终身学习中发挥更加重要的作用。持续评价与学习的循环模式以及促进终身学习能力的培养，将为学生的终身发展奠定坚实的基础。

后　记

在高职院校的沃土上，每一位大学生都是一颗充满潜力的种子，等待着阳光、雨露和精心的培育，以期茁壮成长，最终成为社会的栋梁之材。《高职院校大学生成长评价研究》一书，正是在这样的背景下应运而生，它不仅是一本评价工具，更是一本指导手册，旨在帮助教育工作者、学生以及社会各界人士，更好地理解高职院校大学生的成长轨迹和评价体系。

在探索高职生成长评价的过程中，我们深刻认识到，每一位大学生都是独一无二的个体，他们带着各自的梦想、才华和潜力走进高职院校的大门。成长评价不仅仅是对他们学业成绩的考量，更是对他们综合素质、实践能力、创新精神和社会责任感的全面审视。

通过这本书，我们看到了高职院校在培养大学生方面所做出的努力和创新。学校为学生提供了丰富的专业课程、实践教学环节和社团活动，旨在培养学生的专业技能和综合素质。同时，教师们以爱心、耐心和责任心，引导学生成长，激发他们的学习热情和创造力。

评价不是目的，而是手段。我们希望通过评价，能够促进学生的全面发展，帮助他们建立起正确的价值观和人生观。我们希望每一位高职院校的大学生都能够在评价的过程中，不断自我反思、自我提升，最终实现自我超越。

同时，我们也呼吁社会各界，特别是教育决策者、学校管理者、教师和家长，能够给予高职院校大学生更多的关注和支持。他们的成长不仅关系到个人的未来，更关系到国家和社会的发展。我们相信，通过大家的共同努力，高职院校的大学生一定能够成长为社会的有用之才。

最后，我们希望本书能够成为高职院校大学生成长道路上的一盏明灯，照亮他们前进的方向，也希望能够成为教育工作者手中的一把钥匙，开启教育改革的新篇章。我们期待在未来的日子里，能够看到更多的高职院校大学生在评价的引导下，茁壮成长，成为国家的栋梁。

参考文献

一、学术著作

（一）中文著作

［1］陈强．高职教育立德树人理论创新研究［M］．昆明：云南大学出版社，2020.

［2］戴海琦，张锋．心理与教育测量［M］．广州：暨南大学出版社，2018.

［3］黄景容．高等职业教育概论［M］．重庆：西南财经大学出版社，2021.

［4］李荣胜，李秋实，畅相韦．大学生心理健康教育［M］．北京：人民邮电出版社，2022.

［5］南亲江．职业院校创新专业人才培养路径探究［M］．南京：东南大学出版社，2019.

［6］宁业勤．教育评价实践研究［M］．杭州：浙江工商大学出版社，2016.

［7］沈壮海，刘晓亮，司文超．中国大学生思想政治教育发展报告［M］．北京：北京师范大学出版社，2022.

［8］孙跃．应用型人才培养体系建构研究［M］．武汉：华中科技大学出版社，2021.

［9］徐国庆．职业教育课程论（第二版）［M］．上海：华东师范大学出版社，2015.

［10］于文安．新时代教育评价基础研究［M］．厦门：厦门大学出版社，2022.

［11］赵作斌．大学素质教育研究［M］．北京：北京师范大学出版社，2021.

［12］朱喜安．综合评价方法优良标准研究［M］．武汉：武汉大学出版社，2020.

（二）英文著作

［1］ Amy J.Catalano；Michael A. Marino. Measurementsin Evaluating Science Education：A Compendium of Instruments，Scales，and Tests. Taylor & Francis，2020.

［2］ Chad P. Allerton. Mathematics and Science Education：Assessment，Performance and Estimates. Nova Science Publishers，Inc. 2020.

［3］ Coert Loock；Vanessa Scherman. Educational Assessment ina Time of Reform. Taylor and Francis，2019.

［4］ Isabel Nisbet；Stuart Shaw. Educational Assessmentina Changing World：Lessons Learned and the Path Ahead［M］. Taylor & Francis，2024.

［5］ Matt O'Leary. Classroom Observation：AGuidetothe Effective Observation of Teachingand Learning. Taylor & Francis，2020.

［6］ Matthew B. Fuller. Leadership of Higher Education Assessment. Taylor & Francis，2019.

二、学位、期刊论文

（一）中文学位、期刊论文

［1］ 鲍威．大学生学业成就增值效应研究［J］．江苏高教，2015（1）：65–69.

［2］ 陈嘉威．中职《PLC技术应用》课程思政教学案例设计与实践［D］．浙江师范大学，2023.

［3］ 陈洁．高职学生综合素质教育评价体系研究［J］．湖北开放职业学院学报，2022（03）：33–36.

［4］ 陈薇薇．澳大利亚TAFE教育对我国新时代职业教育的启示［J］．北京经济管理职业学院学报，2018（4）：37–40.

［5］ 陈玉琨，李如海．我国教育评价发展的世纪回顾与未来展望［J］．华东师范大学学报（教育科学版），2000（1）：1–12.

［6］陈元媛，吕路平．职业教育增值评价：演进、逻辑和路径［J］．职业技术教育，2022（16）：47-52．

［7］邓喜英．新时代高职院校大学生“23456”德育评价体系构建研究［J］．经济师，2023（10）：205-206．

［8］葛富有．高职院校大学生创新能力评价指标体系构建［J］．中国统计，2017（12）：55-56．

［9］顾君，从多源数据到数字画像的高职生综合评价过程［J］．无线互联科技，2024（7）：88-91．

［10］顾茜茜．高职建筑工程类专业学生职业素养培养研究［D］．浙江工业大学，2016．

［11］关锦文．基于大数据（HDR平台）的中职学生成长系统探索与实践研究［J］．广东教育（职教版），2022（3）：53-56．

［12］韩悦，朱彦熙．基于OBE理念对教学过程性评价方法的探究——以汽车运用与维修专业为例［J］．汽车维护与修理，2024（9）：23-26．

［13］李法平，陈海珠．基于大数据技术的高职院校学生评价平台建设［J］．重庆电子工程职业学院学报，2022（05）：1-7．

［14］刘冬霞，袁冰滨，杨兆辉，华岭．高职院校智能化工匠人才成长考核评价平台设计方案探析［J］．哈尔滨职业技术学院学报，2023（3）：80-83．

［15］刘素婷．论多元智能理论对职业教育的启示［J］．教育与职业，2006（6）：6-8．

［16］龙凌．基于增值评价的职业教育质量评估审视［J］．职业技术教育，2021（15）：36-40．

［17］卢振雷，江宁，王磊明，潘潇．高校“第二课堂”评价体系对大学生成长成才的影响研究［J］．中国林业教育，2013（11）：14-16．

［18］罗丹，刘伟．高职学生综合素养评价体系构建研究［J］．安徽水利水电职业技术学院学报，2023（4）：47–51．

［19］马贵香，黄东方，喻知晓，吕朋．行业特色高校高等教育高质量发展评价指标体系的研究［J］．科技风，2024（9）：16–18．

［20］马澜．高职院校大学生综合素质评价体系构建的实践——以乌鲁木齐职业大学为例［J］．新疆职业教育研究，2012（2）：87–89．

［21］马良军．高等职业教育专业实践课程评价研究［D］．天津大学，2014．

［22］孟照海．推进新时代教育评价改革难在哪里［J］．新华文摘，2024（1）：26–28．

［23］米冰，焦爱丽．思政教育视角下创新创业教育评价研究［J］．现代商贸工业，2024（20）：105–106．

［24］聂强，聂蕊．基于类型特征的高职院校学生评价改革指标体系的构建研究［J］．中国职业技术教育，2021（28）：13–18．

［25］逄小斐，谭穗枫．现代学徒制多元学生评价体系的探索与实践［J］．中国职业技术教育，2016（31）：5．

［26］彭文胜．论职业素养评价的职业行动目标测量方法［J］．教育与职业，2017（8）：72–76．

［27］秦彩红．高职学生思想政治状况评价指标标准化及相关因素［J］．继续教育研究，2021（03）：108–111．

［28］任聪敏．职业教育开展增值评价的理论构建与路径探索［J］．职教论坛，2021（7）：40–44．

［29］陶文寅，潘嘹．基于事件分析的高职学生综合评价模型构建与研究［J］．职业技术教育，2019（21）：38–43．

［30］万伟平．高职院校大学生学力评价指标体系构建——基于发展性评价的视角［J］．当代职业教育，2015（4）：66–75．

[31] 王春枝. 斯琴德尔菲法中的数据统计处理方法及其应用研究［J］. 内蒙古财经学院学报（综合版），2011，9（4）：92–96.

[32] 王存娟. 职业核心素养结构的分析［D］. 南京师范大学，2017.

[33] 王丹，张露丹. 澳大利亚职业教育质量保障体系比较研究及对我国的启示［J］. 职教论坛，2014（24）：92–96.

[34] 王瑾. 高职院校学生增值性评价实施方案研究［J］. 职业技术教育，2013（17）：55–58.

[35] 王其红. 高职学生隐性职业素养的培育模式与量化评价研究［J］. 黑龙江教育学院学报，2017（1）：61–63.

[36] 王亚鹏，唐柳. 高职教育适应性：内涵、目标、逻辑及机制［J］. 职业技术教育，2021（28）：37–43.

[37] 王志坚，葛吉霞. 职业素质导向下高职学生能力评价指标体系研究［J］. 文化创新比较研究，2019（31）：9–10.

[38] 谢冰心. 可视化表征与学生投入的相关性研究［J］. 教育教学论坛，2021（12）：30–33.

[39] 谢晓媛，黄磊. 机电类专业学生实践能力评价体系的构建研究［J］. 装备制造技术，2024（8）：83–86.

[40] 徐思. 校企联动的高职会计专业职业能力评价指标［J］. 辽宁高职学报，2018，20（2）：103–106.

[41] 叶赋桂，段世飞. 深化教育评价体系改革学术研讨会综述［J］. 清华大学教育研究，39（6）：128–133.

[42] 殷凌云. 让成长“可视化”：班级管理中学生成长表现与评价的路径探究［J］. 考试周刊，2023（49）：22–25.

[43] 殷智远. 创新人才素质测量研究［D］. 中南大学，2017.

[44] 张慧典. 关于澳大利亚技术和继续教育（TAFE）及其当代价值［J］. 今日科苑，2021（11）：23–26.

[45] 张兴. 引进增值观念推进素质教育[J]. 教育导刊，1998（Z1）：14-15.
[46] 张雁平，成军. 高职学生顶岗实习评价体系的研究和实践[J]. 中国职业技术教育，2008（15）：10-12.
[47] 郑家刚，目标导向的高职学生全面发展质量评价机制研究[J]，中国职业技术教育，2021（19）：92-96.
[48] 周家春. 浅谈大数据教育评价的隐私保护问题[J]. 教育研究，2024（9）：13-15.
[49] 庄西真. 论增值评价对职业教育高质量发展的意义[J]. 中国职业技术教育，2021（4）：12-17.

（二）外文学位期刊、论文

[1] AkbariAlireza；Shahrokhi Mohsen. Unveiling fairnessinscoring：athor oughmethodforprecisecutoffscorecalculationineducationassessment[J]. Quality Assurancein Education，2024（6）.
[2] ASTINAW. Achieving Educational Excellence[M]. San Francisco：Jossey-bass，1985：10-15.
[3] D. Jake Follmer；Randall Groth；Jennifer Bergner；Starlin Weaver. Theory-based Evaluation of Lesson Study Professional Development：Challenges，Opportunities，and Lessons Learned[J]. American Journal of Evaluation，2024（6）.
[4] Jiaxun Yu. Researchon the Integration Mechanism of "Teaching Evaluation" and "Learning Evaluation"[J]. International Journal of Mathematics and Systems Science，2024（8）.
[5] KLEIN，S.，BENJAMIN，R.，SHAVELSON，R.，etal. Thecollegiatelea-rningassessment：Factsandfantasies[J]. EvaluationReview，2007，31（5）：415-439.

［6］ Luigi Burigana. Bayesiannet works and know ledgestructuresincognitive assessment：Remarksonbasiccomparableaspects［J］. Journal of Mathematical Psychology，2024（9）：COLEMANJS，CAMPBELLEQ，HOBSONCJ，etal. Equalityofeducationalopportunity［M］. Washington，DC：USDepartmentofHealth，Education&Welfare，1966：19–28.

［7］ SANDERS，W. L，HORN，S. P. Researchfindingsfromthetennesseevalue–addedassessmentsystem（TVAAS）database：Implicationsforeducationalevaluationandresearch［J］. Journal of Personnel Evaluationin Education，1998，12（3）：247–256.

［8］ SANDERS，W. L.，RIVERS，J. C. Cumulativeandresidualeffectsofteachersonfuturestudentacademicachievement. Research Progress Report［R］. Knoxville：University of Tennessee Value–Added Research and Assessment Center，1996.

［9］ Xiaoli Huang. Research on the Evaluation of Ideational and Political Education of Majors in Finance and Accounting of Universities and Colleges［J］. Advancesin Educational Technology and Psychology，2024（8）.

三、报刊、网络资料

［1］ 国务院. 国务院关于印发国家职业教育改革实施方案的通知［EB/OL］.（2019–01–24）［2024–01–12］. http://www.gov.cn/zhengce/content/2019–02/13/content_5365341. htm.

［2］ 教育部印发《教育信息化2.0行动计划》［EB/OL］.（2018–04–25）［2024–03–06］. http://www.moe.gov.cn/srcsite/A16/s3342/201804/t20180425_334188.html.［2024–01–20］. https://www.gov.cn/zhengce/12/content_5642120.htm.

［3］ 新华社. 中共中央办公厅国务院办公厅印发《关于推动现代职业教育高质量发展的意见》［EB/OL］.（2021–10–12）.

［4］ 新华社．中共中央国务院印发《深化新时代教育评价改革总体方案》［EB/OL］.（2020-10-13）［2022-04-21］. http://www.gov.cn/xinwen/ 2020-10/13/content_5551032.htm.

［5］ 职业教育评价改革重在彰显类型教育特征［EB/OL］. 2022-01-01https://www.sohu.com（https://www.sohu.com/a/446310621_284449）